CABULA

A REVISTA BRASILEIRA DE FEITIÇARIA

Parzifal Publicações

São Paulo • ANNO I Volume I • Jan/Jun 2020

CABULA - A REVISTA BRASILEIRA DE FEITIÇARIA - ANNO I - VOL. I

2020 ©Parzifal Publicações

Realização:

Parzifal Publicações
Rua Vera Cruz, 284
Diadema - São Paulo
Cep: 09911-490
Email: contato.parzifal@gmail.com

Editorial:
Bruno Gerfilli

Nesta iniciativa temos como foco principal abordar de forma simples e objetiva tradições e cultos iniciáticos da América Latina contando com o apoio de sacerdotes de diversas vertentes ligadas a feitiçaria, acadêmicos e estudiosos que acreditaram neste projeto e estão nos apoiando nessa empreitada. Nós temos como objetivo trazer ao público as mais variadas formas de culto ligadas a bruxaria e feitiçaria da América Latina, para que desta forma possamos conhecer e interagir com os mais diversos cultos existentes e praticados no território Latino Americano.

A revista conta com publicações semestrais e terá dois formatos: o impresso e o digital. No formato impresso nós enviaremos para sua casa um pacote contendo a revista além dos marcadores exclusivos dos lançamentos da nossa editora. O formato digital será disponibilizado de forma gratuita em uma plataforma online para leitura e distribuição livre. Neste volume você acompanha os textos dos autores:

- A Feitiçaria Carioca no Século XX, por Bruno Gerfilli;

- Poemas Selecionados, por Cruz e Sousa;

- O Culto a Jurema Sagrada, por Tata Menezes;

- No Mundo dos Feitiços - Os Feiticeiros (Parte I), por João do Rio;

- Os Atributos e Peculiaridades da Linha Branca;

- O "Despacho";

- As Sete Linhas Brancas, por Leal de Souza;

- Maiorais do Povo de Exu, por Aluizio Fontenelle;

- Trabalhos de Kimbanda, por N.A.Molina;

- A Personificação de Exu, por Ophis Christus;

- O Satanismo - Os Satanistas (Parte I), por João do Rio;

- VOODOO - Secto Makaya / Kongo-Mississipi, por Dudu Asnarium;

- Bonecos na Feitiçaria, por Sérgio Olens;

- A Cruz da Kimbanda, por Babarinde Ifasowunmi Aye'la;

- Quimbanda - O Véu Escarlate, por Azaghuul;

- Vodu Haitiano;

Todos os textos publicados nesta edição são de propriedade intelectual e privada de cada autor, que detém todos os direitos prescritos por lei e cedidos para a publicações em nossa revista.

A edição impressa da Revista Cabula é veiculada e divulgada pela editora Parzifal Publicações, tendo preço sugerido para venda de R$29,90, que pode ser alterado conforme de acordo as políticas de venda dos distribuidores sem aviso prévio. Citações podem sem feitas sem aviso prévio aos seus autores desde que a fonte e as referencias sejam feitas.

Caso deseje participar do Projeto Cabula, ou queira entrar em contato conosco escreva para: contato.parzifal@gmail.com

Capa: Juca Rosa e a Feitiçaria no Rio de Janeiro, por Bruno Gerfilli

A REVISTA BRASILEIRA DE FEITIÇARIA

PARZIFAL PUBLICAÇÕES
www.parzifal777.com.br

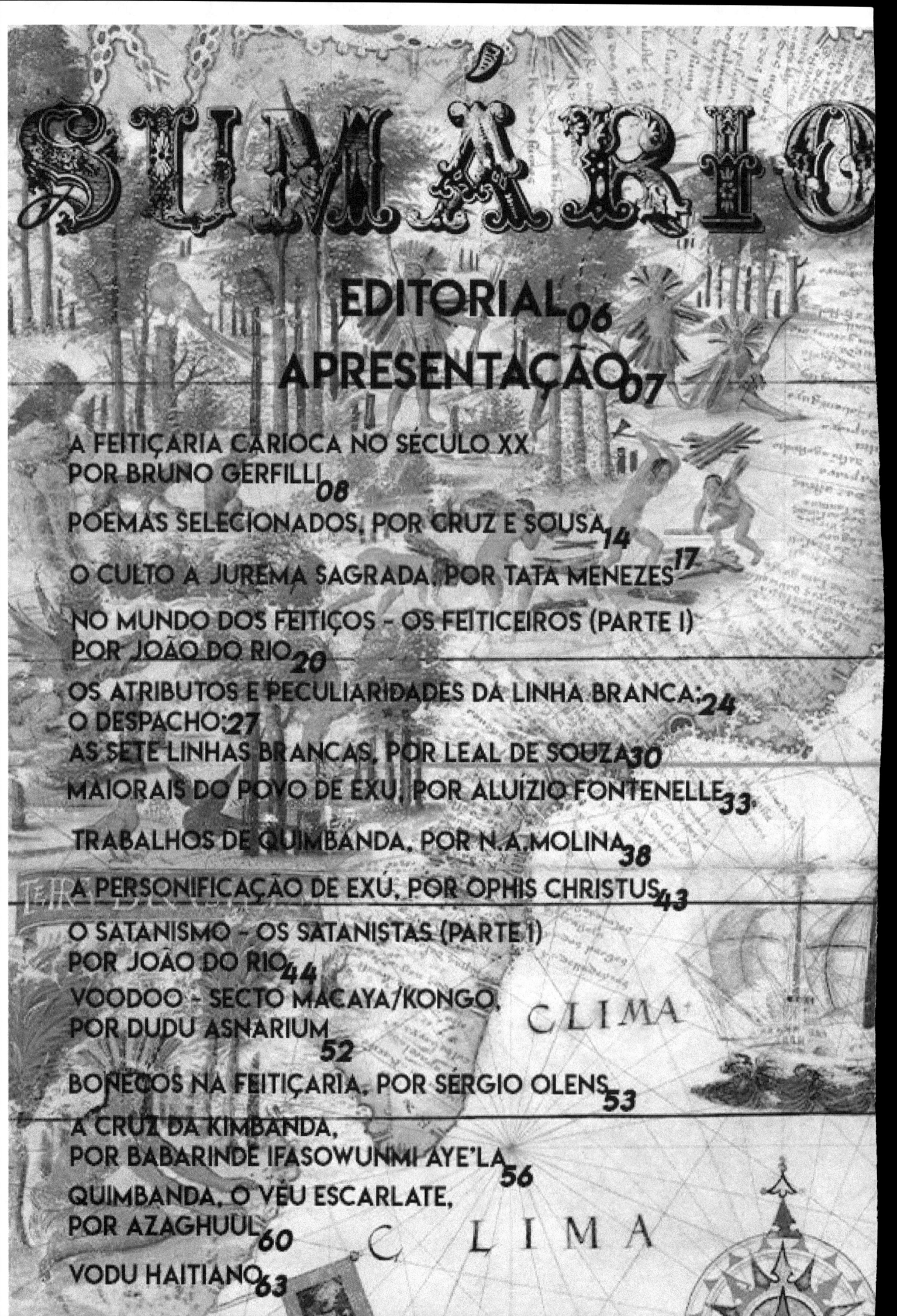

SUMÁRIO

EDITORIAL 06
APRESENTAÇÃO 07

A FEITIÇARIA CARIOCA NO SÉCULO XX
POR BRUNO GERFILLI 08

POEMAS SELECIONADOS, POR CRUZ E SOUSA 14

O CULTO A JUREMA SAGRADA, POR TATA MENEZES 17

NO MUNDO DOS FEITIÇOS – OS FEITICEIROS (PARTE I)
POR JOÃO DO RIO 20

OS ATRIBUTOS E PECULIARIDADES DA LINHA BRANCA; 24
O DESPACHO; 27
AS SETE LINHAS BRANCAS, POR LEAL DE SOUZA 30

MAIORAIS DO POVO DE EXU, POR ALUÍZIO FONTENELLE 33

TRABALHOS DE QUIMBANDA, POR N.A. MOLINA 38

A PERSONIFICAÇÃO DE EXU, POR OPHIS CHRISTUS 43

O SATANISMO – OS SATANISTAS (PARTE I)
POR JOÃO DO RIO 44

VOODOO – SECTO MACAYA/KONGO,
POR DUDU ASNARIUM 52

BONECOS NA FEITIÇARIA, POR SÉRGIO OLENS 53

A CRUZ DA KIMBANDA,
POR BABARINDE IFASOWUNMI AYE'LA 56

QUIMBANDA, O VÉU ESCARLATE,
POR AZAGHUUL 60

VODU HAITIANO 63

EDITORIAL

É com imenso prazer que apresentamos a todos vocês o primeiro número de inauguração da revista Cabula. O Projeto nasceu de uma ideia que tivemos em reunir em uma única revista manifestações religiosas brasileiras de cunho iniciático e tradicional conforme cada região do país, afim de apresentar ao nosso público diferentes formas de trabalhos espirituais e suas influências no dia-a-dia das pessoas. Porém, notamos que limitar esse campo de estudos apenas ao território nacional podaria uma gama informações relevantes que teríamos ao abordar mais lugares e culturas diferentes. Por este motivo decidimos então, abranger nosso campo de atuação em toda América Latina, o que possibilita conhecer e aprender mais sobre diversas tradições existentes em nosso próprio continente. Essa iniciativa tem o suporte da editora Parzifal Publicações, que irá fazer a distribuição do material físico e digital ao público, tal como divulgar e propagar a mensagem.

"A Feitiçaria Carioca no Século XX", estimula reflexões sobre a construção da mentalidade e imaginário de grande parte das pessoas ao que se diz respeito a *"macumba carioca"* e as Religiões Negras no Brasil, apresentando diferentes realidades sobre essa explosão de segmentos religiosos que marcaram para sempre a história do nosso povo, que mesmo marginalizado e oprimido pelos olhos da sociedade, cumpre o seu papel para com a ancestralidade não a deixando morrer. Este trabalho está sendo conduzido por Bruno Gerfilli, também da editora Parzifal Publicações, iniciado em tradições Brasileiras e Africanas e pesquisador de religiões afro-atlânticas. As valiosas contribuições presentes neste número, foram selecionadas e programadas para seguir uma linha cronológica de acordo com a temática desta edição, para que os assuntos e temas abordados possam ser estudados e consultados com facilidade, mesmo que o leitor não tenha tanta familiaridade com os assuntos.

Agradeço imensamente a todos os Ancestrais da Encruzilhada por terem nos direcionado até chegarmos neste estágio, pois foi um longo período percorrido até termos as condições necessárias para que este projeto fosse realmente possível, agradeço a todos os amigos e autores que gentilmente estão participando deste primeiro volume, pois sem vocês nós não seríamos nada, e todos aqueles que nos ajudaram de forma direta ou não. Desejo-lhes uma excelente leitura. Nos vemos na Encruzilhada!

São Paulo, 09 de Junho de 2020
Bruno Gerfilli

APRESENTAÇÃO

Neste primeiro volume, temos como tema principal A Feitiçaria Carioca no Século XX, onde trazemos a todos vocês algumas das principais narrativas de feitiçaria e manifestações religiosas correlatas que julgamos ter a identidade do nosso projeto, e esperamos bastante que vocês gostem desse recorte que preparamos com muita sinceridade e dedicação. Para tornar o nosso trabalho possível, nós contamos com o apoio de pessoas maravilhosas que realizam trabalhos incríveis, cada um dentro de sua especialidade e que abraçaram a nossa iniciativa desde o início.

Na abertura temos o texto de nosso editor Bruno Gerfilli que apresenta "A Feitiçaria Carioca no Século XX", um ensaio significativo que visa compreender as manifestações religiosas no Rio de Janeiro no início do século xx, dando ênfase as tradições negras. Em seguida visando seguir uma ordem cronológica temos um excerto retirado do Livro: "As Religiões no Rio". Coleção Biblioteca Manancial nº47. Rio de Janeiro: Editora Nova Aguilar, 1976, sendo a primeira parte (dividida por nós para utilizar neste volume) do capítulo *No Mundo dos Feitiços - Os Feiticeiros* registro de extrema importância para que o leitor possa compreender com fatos verídicos toda essa movimentação religiosa a cerca do Rio de Janeiro. Seguindo esse contexto, Antônio Eliezer Leal de Souza, considerado o primeiro escritor a falar sobre a umbanda nos trás três trechos retirados do seu livro *O Espiritismo, a Magia e as Sete Linhas de Umbanda* onde encontramos um dos primeiros registros a se tratar das sete linhas da umbanda e podemos fazer uma análise significativa de acordo com seus relatos em: *"Os Atributos e Peculiaridades da Linha Branca"*; *"O Despacho"* e *"As Sete Linhas Brancas"*. O polêmico Aluízio Fontenelle, nos trouxe uma obra de extrema importância nos anos 50 se tratando da primeira narrativa exclusivamente falando sobre Exú. O Famigerado *"Exu"* de Aluizio Fontenelle publicado em 1951 pela Editora Espiritualista é de longe um clássico da literatura de umbanda e de quimbanda, já que o autor nos apresenta uma gama de informações importantes e adicionamos um capítulo inteiro de seu livro chamado *"Maiorais do Povo de Exu"*. Depois de sua obra muitos autores inspirados por ele, escreveram diversos livros sobre o tema o que foi o caso do "autor fantasma" conhecido como N.A.Molina. Molina é um ícone histórico que com certeza representa diversas expressões religiosas tal como a umbanda, quimbanda e também a magia negra, onde encontramos em seus diversos livros rezas, cantigas, bruxedos e formulas mágicas para diversos fins e em seu texto que intitulamos de *"Trabalhos de Quimbanda"*, foram retirados excertos dos livros : Saravá Exu e do exemplar raríssimo *"Como Fazer e Desmanchar Trabalhos de Quimbanda"* trazendo importantes formulas mágicas para se relizar nos trabalhos com Exus e Pombogiras. *"A Personificação de Exu"* é um pequeno ensaio feito por Ophis Christus apresentando o cotidiano das pessoas que trabalham com os espíritos e aos olhos daqueles que não são da mesma fé, aparentam ser "pessoas comuns". Novamente, mais um texto de João do Rio também retirado do mesmo livro citado acima, porém neste momento "O Satanismo - Os Satanistas" o autor nos apresenta um relato de rituais de Satanismo em pleno século xx acontecendo no Rio de Janeiro com uma narrativa extremamente interessante.

Voltando nossa atenção a outras vertentes agora temos uma pequena apresentação feita por Dudu Asnarium sobre o *"Voodoo - Secto Makaya/Kongo"* onde temos um texto introdutório sobre este segmento, e em seguida Sérgio Olens nos fala um pouco sobre os *"Bonecos na Feitiçaria"*, suas particularidades e o trabalho com as "Spirit Dolls". Babarinde Ifasowunmi Aye'la nos fala sobre a bruxaria e feitiçaria com o texto *"A Cruz da Kimbanda"*, Azaghuul em *"Quimbanda - O Véu Escarlate"* fala sobre os trabalhos mágicos com os Exús e para finalizar este número adicionamos o texto enciclopédia livre *"Vodu Haitiano"* onde podemos conhecer um pouco mais sobre a cultura do Vodu.

São Paulo, 09 de Junho de 2020
Bruno Gerfilli

PRETOS VELHOS CONTRA EXUS DA QUIMBANDA

DESAFIOU EXU E FOI MORTA A PAULADA

A FEITIÇARIA CARIOCA NO SÉCULO XX

Por Bruno Gerfili

Em Busca do Desconhecido

Quando voltamos nosso olhar para o Rio de Janeiro podemos observar uma série de características que com certeza são um marco para a cidade e as pessoas que interagem com ela, tal como o samba, a beleza de suas praias, saudosa malandragem noturna da Lapa, e a forte presença da espiritualidade que se apresenta em diversas formas e maneiras diferentes para as pessoas.

A presença Africana, Indígena e também sob a influencia de tradições europeias marcaram diversas manifestações religiosas que se espalharam por todo o Brasil, e não seria diferente com o Rio de Janeiro Podemos notar a presença de diversas formas de se praticar a espiritualidade desde a vinda dos portugueses, trazendo consigo influencias da bruxaria e feitiçaria europeia incluindo também as cerimonias da igreja católica, que logo se misturou com as práticas e ritualisticas africanas e os conhecimentos indígenas, moldando a crença e traçando um novo horizonte para a construção das tradições religiosas no Brasil. Podemos notar que orações, patuás, benzimentos, unguentos, banhos de folhas e defumações se tornaram

> "Antes aqueles morros não tinham nomes, foi pra lá o sujeito homem, fazendo barraco, batuque e festinha..."

práticas comuns dentro da comunidade brasileira, mesmo que a religião predominante fosse a católica, e mesmo sabendo que haviam outras manifestações religiosas já muito presentes por todo o território.

Com isso, podemos começar a entender que a mesma pessoa que assistia uma missa em um domingo de manhã, também poderia presenciar rituais em volta da fogueira a noite sob a luz da lua sem nenhum tipo de problema, apesar de que os conceitos de bem e mal estarem totalmente ligados a cultura ocidental e a imposição (política) feita pela igreja para a caça as bruxas e aos pagãos foi muito forte na Europa, mesmo estando em solo Brasileiro, algumas coisas pareciam ser tidas a "vista grossa" perante o clero. Falar da feitiçaria no Brasil é buscar compreender esse período com fatos históricos e buscar o entendimento conforme a mentalidade da época em que se está analisando. Este trabalho não tem a

pretensão de apresentar bases de estudos sociológicos e antropológicos, mas trazer um norte para todo aquele que busca um pouco de informação sobre.

O Início do Culto

Em meados de 1800 surge no Espírito Santo a Cabula[1] que foi um culto de extrema importância para toda a comunidade negra, e além disso também ajudou na formação de novas manifestações religiosas como veremos mais a frente. A Cabula nasceu da sabedoria ancestral trazida pelos negros de origem Bantu e Malês (Malei)[2] e tiveram também a contribuição indígena para a sua formação.

Ao contrário do que grande maioria das pessoas costuma julgar quando á mesão a qualquer referência de tradições africanas no Brasil, a Cabula é muito bem organizada e tem além de sua estrutura religiosa, tem uma posição política que compões o seu corpo social e com isso, acabou incentivando e auxiliando diversos negros que faziam parte dela na época lhes dando chances de completar os estudos e alcançarem posições sociais de alto nível. Por conta dessa capacitação, muitos negros que eram iniciados na Cabula conseguiram ingressar na maçonaria, que posteriormente influenciou muito as práticas da cabula, adotando em seus rituais palavras, toques de passe e gestos para a identificação de seus membros.

Esse fator fez com que a Cabula se espalhasse para outros estados do Brasil, incluindo o Rio de Janeiro, a tornando cada vez mais difundida e também contribuindo para a sua perseguição pela igreja católica que não se satisfez ao ver um culto organizado e trazendo bons frutos liderados por negros. Quando o seu líder, foi assassinado em meados de 1900 e por conta das perseguições aos seus membros, a Cabula

restringiu ainda mais os seus trabalhos que com o tempo passaram a ser de cunho familiar, resistindo até os dias atuais.

Do pouco que conseguimos encontrar de fontes sólidas, a Cabula em sua estrutura religiosa desde o seu surgimento já possuía processos iniciáticos, litúrgicos chamados de "Mesa de Cabula", onde o Alufá (Chefe espiritual da Cabula) conduz a ritualística do culto. Os espíritos ancestrais que atuam na Cabula chamados de Baculos, são as energias que através do transe (possessão), se apresentam nas mesas de cabula para auxiliar seus membros e as famílias pertencentes a esta comunidade.

O que nos chama atenção nessa análise sobre o comportamento religioso dos negros nesse período são as diversas influencias que outras manifestações religiosas possivelmente herdaram da Cabula, e nesse contexto, é impossível não dar a vez a uma figura icónica que é um marco do que veio a representar a Feitiçaria Carioca: Juca Rosa.

"O Pai de Santo na Corte Imperial"

José Sebastião da Rosa, popularmente conhecido com Juca Rosa, filho de mãe Africana e nascido no Rio de Janeiro em 1833, era alfabetizado e tinha como um de seus ofícios a profissão de alfaiate, considerado um dos grandes nomes da feitiçaria carioca. Conta-se que após ir para a Bahia passar por algum procedimento iniciático que infelizmente não sabemos precisar, Juca Rosa retorna ao Rio de Janeiro e passa a exercer seus trabalhos espirituais com auxílio do seu guia espiritual chamado de Pai Quimbombo, que realiza grandes feitos aos seus clientes e seguidores que variavam das mais diversas classes, tal como escravos, negros livres, senhoras casadas, jovens, comerciantes e políticos.

Todos eles eles eram atraídos pelos grandes feitos do "Feiticeiro Negro" como era conhecido no bairro em que fazia seus trabalhos espirituais. Seu olhar penetrante e convidativo era motivo pelos quais muitas mulheres se sentiam atraídas em participar de seu culto, onde a maioria de suas iniciadas eram mulheres, que o auxiliavam em seus

diversos trabalhos, tais como tirar a potência sexual dos homens, atrair paixões, além de confeccionar patuás para seus consulentes.

Embora Juca Rosa tivesse toda essa fama perante a sociedade da época. Seus problemas não vieram por acusações de práticas de feitiçaria, foi julgado em tribunal por estelionato e condenado a cumprir 6 anos de prisão. Obviamente seu caso teve uma grande repercussão midiática e

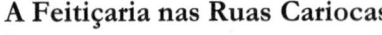

todos queriam ler sobre os depoimentos do Feiticeiro Negro.

Os traços da Encruzilhada

Por mais que não tenhamos uma descrição fiel ou relatos precisos de como Juca Rosa conduzia suas sessões de trabalho com Pai Quimbombo, podemos sugerir que pelas características presentes em suas roupas, a sensualidade presente em seus rituais, as possessões, os altos ganhos financeiros além da presença de pessoas de alto status social, talvez seja uma pequena fagulha do que hoje conhecemos como Quimbanda, mas são apenas especulações conforme as direções da nossa pesquisa.

O fato é que toda essa movimentação religiosa a cerca das periferias do Rio de Janeiro tiveram tanta repercussão na transição do século XIX à XX, que temos mais um grande nome que além de influenciar as crenças populares se tornou muito comum entre as pessoas: O **Livro de São Cipriano**.

A Feitiçaria nas Ruas Cariocas

O famigerado livro de São Cipriano[3] que já era muito popular na Espanha e Portugal foi trazido e publicado no Brasil aproximadamente em 1900, se tornando um ícone literário por se ter a narrativa de que este livro era amaldiçoado e todos aqueles que o lessem teriam consequências severas.

O conteúdo do livro de São Cipriano são apresentadas fórmulas, rezas e diversos tipos de bruxedos para satisfazer os mais diversos desejos, além de uma corrente, onde um feitiço só poderia ser concluído se outra pessoa, que também o possui-se realiza-se os mesmos procedimentos para que o feitiço tivesse sucesso. A seguir temos um exemplo do que se pode encontrar no livro de São Cipriano:

Oração da Cabra Preta Milagrosa

"Cabra Preta milagrosa, que pelo monte subiu, trazei-me Fulano, que de minha mão sumiu. Fulano, assim como o galo canta, o burro rincha, o sino toca e a cabra berra, assim tu hás de andar atrás de mim. Assim como Caifás, Satanás, Ferrabrás e o Maioral do Inferno, que fazem todos dominar, fazei Fulano se dominar, para me trazer cordeiro, preso debaixo do meu pé esquerdo. Fulano, dinheiro na tina e na minha mão não há de faltar; com sede, tu, nem eu, não haveremos de acabar; de tiro e faca, nem tu, nem eu, não há de nos pegar; meus inimigos não hão de me enxergar. A luta vencerei, com os poderes da Cabra Preta milagrosa. Fulano, com dois eu te vejo, com três eu te prendo, com Caifás, Satanás, Ferrabrás. (reze-se esta oração com uma vela acesa e uma faca de ponta)."

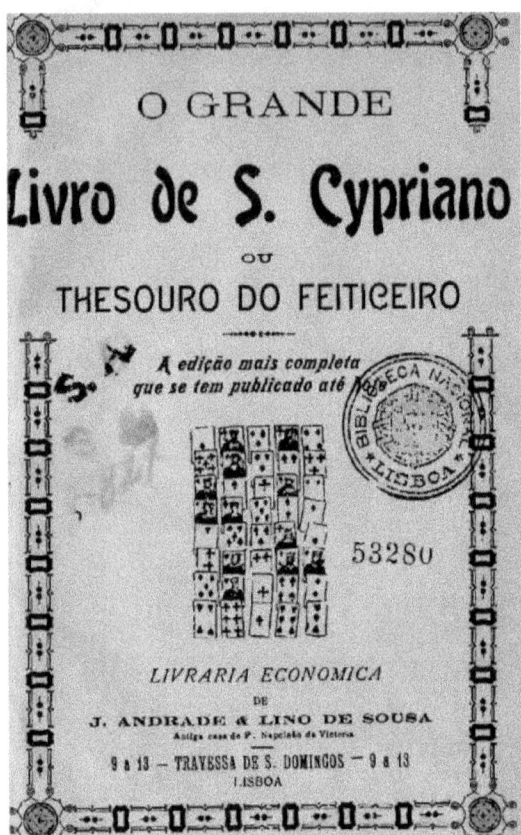

A influência da feitiçaria na literatura do início do Século XX teve contribuições favoráveis com destaque a obra de Paulo Barreto, conhecido como João do Rio que em 1904 fez um registro de extrema relevância histórica que nos ajuda a entender toda essa diversidade que era praticada nas ruas do Rio: As Religiões do Rio.

Este material compõe uma série de 12 (doze) narrativas sobre as mais diversas manifestações religiosas no Rio de Janeiro no início do século XX. Em seu primeiro capitulo *"No mundo dos Feitiços - Os Feiticeiros"* João descreve suas andanças junto com Antônio, um jovem africano que apresenta o cotidiano dos feiticeiros do que eles chamavam de "Pequena África", um bairro caracterizado pela presença de Africanos e consequentemente da feitiçaria, ou o que mais tarde foi considerado como *"macumba carioca"*. Diferente de Juca Rosa, João do Rio teve a oportunidade de registar um pouco do que se conhecia como feitiçaria na época, apesar de que hoje podemos facilmente assimilar o culto dos Orixás por exemplo em uma de suas descrições.

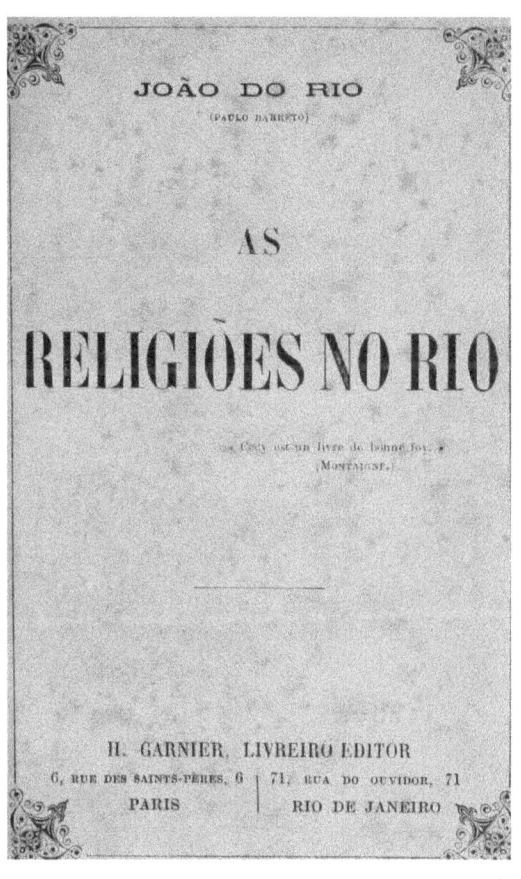

Já na década de 20, 12 anos após o anúncio da "fundação da umbanda", Antônio Eliezer Leal de Soza, ou apenas Leal de Souza obteve destaque como repórter dos jornais cariocas *A Noite*, *Diário de Notícias* e *A Nota*.

No Mundo dos Espíritos

O trabalho desenvolvido por Leal de Souza é fundamental para compreender o cenário do que estava sendo classificado como "espiritismo" em sua época, porquê sua obra contribuiu para que as pessoas tivessem noção de entender que existiam muitas práticas espirituais nas ruas do Rio, e nem todas elas eram a mesma coisa, apenas por serem classificadas como práticas de espiritismo. Com isso o jornal *A Noite* promoveu um inquérito investigativo em 1924 sobre o espiritismo, escrito por Leal de Souza que deu origem ao seu livro "No Mundo dos Espíritos" publicado em 1925. neste trabalho o autor apresenta uma série de relatos sob os mais variados trabalhos espirituais que ele acompanhou de perto fazendo visitas nas casas e tendas espíritas, registrando cada um deles em suas colunas.

Alguns dos fatos apresentados em seu trabalho nos levam a crer que o maior impasse nesse período é que grande parte das pessoas não tinha a menor noção do que era trabalhar com religiões/cultos fetichistas e é muito provável que passaram a subjulgar as práticas realizadas pelos negros e até mesmo por brancos pobres como baixo espiritismo, uma vez que não eram tradições europeias trazidas por nobres e praticada pela elite, porém é fato que a curiosidade fez com que muitas pessoas recorressem a tais cerimonias, e a partir deste ponto começamos a entender o porque do interesse em se registrar essas práticas que aconteciam pelas ruas, eles ainda não tinham noção do que se estava praticando.

Com essa necessidade de classificar os cultos existentes no Rio, após ter seu primeiro contato com a umbanda por intermédio de Zélio de Moraes, Leal de Souza é iniciado na umbanda e desde então começa a desenvolver os seus trabalhos, que a partir desse momento não são apenas narrações de outras vivências e sim de sua própria. Mas afinal de contas, o que tudo isso tem haver com a feitiçaria carioca? Tudo. Porque esses fatos nos ajudam a entender que algumas vertentes do espiritismo tal como a umbanda por exemplo ainda carecia de identidade, a qual os cultos dos negros já possuía como vimos anteriormente.

Nesse contexto, ainda se tratando de Leal de Souza que em 1933 nos apresenta a primeira obra umbandista da história intitulada *"O Espiritismo, a Magia e as Sete Linhas da Umbanda"*, fruto de sua coluna do mesmo título, agora para o jornal carioca *"O Diário de Notícias"*. Neste trabalho nós temos o primeiro registro do que seriam as 7 linhas da umbanda, que

são:

1 - Linha de Oxalá (Nosso Senhor do Bonfim)

2 - Linha de Ogum (São Jorge)

3 - Linha de Euxoce (São Sebastião)

4 - Linha de Shangô (São Sebastião)

5 - Linha de Nhan-San (Santa Bárbara)

6 - Linha de Amanjar (Nossa Senhora da Conceição)

7 - Linha das Almas ou Linha de Santo

Acredita-se que o intuito de estabelecer essas linhas é pelo fato de que eles pretendiam direcionar as linhas de trabalho sem que houvesse a interrupção por conta de outras energias, já que se não houvesse um controle poderia chegar qualquer entidade em qualquer momento dos trabalhos.

Uma curiosidade muito interessante é sobre a chamada Linha de Santo ou Linha das Almas, onde se dizia ser a linha de trabalho dos "espíritos dos negros das encruzilhadas", ou dos "negros da noite" e dos caboclos, o que nos faz crer que podem ser os mesmo espíritos (ou ao menos que atuem no mesmo campo vibracional) dos espíritos que conhecemos hoje dentro da quimbanda e da esquerda, além de representar a sétima linha, que não é novidade todas as referências relevantes do número sete (7) com os trabalhos dos Exus e PombaGiras e da Quimbanda.

A Noite Escura

Falando sobre Quimbanda, temos um breve registro sobre sua classificação na obra de Lourenço Braga, Umbanda (Magia Branca) e Quimbanda (Magia Negra) apresentada no "1º Congresso Brasileiro do Espiritismo de Umbanda, que aconteceu no Rio de Janeiro em 1941 que foi publicada no ano seguinte pelas Edições Spiker, mas a obra derradeira e fundamental que influência diversos autores do meio até os dias de hoje é a obra EXU de Aluizio Fontenelle, publicado em 1951 pela Editora Espiritualista.

O famigerado e polêmico livro de Fontenelle não só apresentou informações inéditas no que diz respeito aos Exus, tais como os pontos cantados e riscados (que possivelmente tenham sido criados/inspirados por ele), descrições detalhadas sobre o trabalho e a atuação dos espíritos (Exus e PomboGiras) além de narrar uma gênese sobre os princípios de Exu. Além disso, Fontenelle ainda faz um paralelo dos Exus da quimbanda com os espíritos do Grimorium Verum[4], onde cada Exu é associado a um demônio distinto conforme as suas linhas e falanges, estabelecendo uma hierarquia estruturada através da influência da magia cerimonial europeia.

Obviamente, com todo esse trabalho apresentado por Fontenelle, outros autores após sua morte prematura tentaram dar continuidade ao seu trabalho, porém sem o mesmo sucesso, que apesar de ter ocultado suas teorias e práticas, contribuiu de maneira positiva para que as pessoas pudessem ter mais informações sobre o trabalho dos Exus, tendo em vista que em sua época dificilmente poderia ser encontrado um material desse cunho escrito por negros, ou pelas minorias que tiveram seus cultos marginalizados por pertencer a uma classe social inferior a elite.

Magia Negra

Fontenelle abriu as portas para que outros também pudessem expressar a Feitiçaria de maneira um pouco mais agressiva e crua, que influenciou o imaginário poular no quesito das práticas de Magia Negra, e nesse contexto temos a contrinuição dos livros escritos por Antônio Alves Teixeira Neto (Antônio de Alva), que apesar de possuir uma vasta literatura dedicada a umbanda, seus trabalhos também tiveram espaço dentro da quimbanda nos anos 60/70 com os títulos:

- Trabalhos práticos de Magia Negra

- Impressionantes casos de Magia Negra

- Como desmanchar trabalhos de Magia Negra Vol. I e II

- O Livro dos Exus (Kiumbas e Eguns)

Essa onda de publicações voltadas a quimbanda e a "Magia Negra" se tornaram literaturas populares dentre os centros, não só cariocas mas de todo o Brasil, enfestando as casas de artigos religiosos e ganhando muito espaço dentro deste mercado, com destaque à autores que escreviam para a Editora Espiritualista (que se tornou editora Aurora), Editora Eco e Editora Ícone. Com toda essa magia incorporada nas ruas cariocas, e agora nas publicações, fica impossível não recordar do "autor fantasma" N.A.Molina.

Sem sombra de dúvidas, todas as pessoas que tiveram contato com as religiões brasileiras e afro-brasileiras já conheceram um livro escrito por ele. Sua fama se deu pela coleção "Saravá", onde apresenta uma série de livrinhos comentando sobre algumas entidades específicas da umbanda, além de sempre adicionar orações, rezas, banhos e feitiços, tais como podemos encontrar em:

-Saravá Exu

- Trabalhos de Quimbanda na Força de um Preto Velho

- Como Fazer e Desmanchar Trabalhos de Quimbanda.

Estes são livros primordiais que incitam a feitiçaria e a Magia Negra, mesmo que sejam apresentados de maneira simples no primeiro momento, assim como os livros de São Cipriano cercado de lenda e crendices populares, temos noção da forma que a fé das pessoas se manifestava nessa época (1965/1980) e como toda essa crença é real e tem força, vide que até hoje muitas pessoas ainda consomem e reproduzem os procedimentos descritos em todas essas e outras literaturas afim de sanar as suas insatisfações.

A Subida do Morro

Com este pequeno e inacabado ensaio a cerca da Feitiçaria Carioca no século XX, concluímos que há muito mais de histórias sobre o nosso povo, que mesmo sendo marginalizado por uma sociedade excludente e sectarista entendemos que as pessoas sempre buscam forças do sobrenatural para sanar suas dores, curar o sofrimento da alma e atrair momentos felizes para suas vidas. O ato de modificar a realidade em que se vive e aprender a manipular as energias a seu favor está presente em diversas culturas através do tempo, e agora muito mais do que nunca, a feitiçaria carioca ainda se faz presente nos becos e vielas, nos bares, nos puteiros, nas biqueiras, no morro e no olhar daquele que ascende uma vela buscando um consolo vindo dos espíritos.

Salve os Espíritos da Noite!

Salve a Banda Cruzada!

Salve a Feitiçaria Carioca!

Notas:

1 - Pode ser a corruptela da palavra Cabala.

2 - Do Hauçá **Málami**, *"professor"*, *"senhor"*, no Yorubá **Imale** *Muçulmano* foi o termo usado no século XIX para chamar os negros muçulmanos que sabiam ler e escrever em árabe, e mesmo que na condição de escravos (ou não) eram extremamente instruídos e não aceitavam ser submissos.

3 - Caso tenha mais interesse na obra de São Cipriano, recomendo a leitura do livro Thesaurus Magicus Vol.II organizado por Humberto Maggi, que explica a narrativa a cerca do São Cipriano.

4 - O Grimorium Verum, do latim "O Grimório da Verdade" é um livro de magia que apareceu em meados do século XV, ressurgindo mais tarde no século XVIII contendo fórmulas, tabelas e evocações aos daemons.

Poemas Selecionados

Por, Cruz e Sousa

SATÃ

Capro e revel, com os fabulosos cornos
Na fronte real de rei dos reis vetustos,
Com bizarros e lúbricos contornos,
Ei-lo Satã dentre os Satãs augustos.

Por verdes e por báquicos adornos
Vai c'roado de pâmpanos venustos
O deus pagão dos Vinhos acres, mornos,
Deus triunfador dos triunfadores justos.

Arcangélico e audaz, nos sóis radiantes,
A púrpura das glórias flamejantes,
Alarga as asas de relevos bravos...

O Sonho agita-lhe a imortal cabeça...
E solta aos sóis e estranha e ondeada e espessa
Canta-lhe a juba dos cabelos flavos!

* * *

SATANISMO

Não me olhes assim, branca Arethusa,
Peregrina inspiração dos meus cantares;
Não me deixes a razão vagar confusa
Ao relâmpago ideal de teus olhares.

Não me olhes, oh! não, porquanto eu penso
Envolvido no luar das minhas cismas,
Que o olhar que me dardejas — doido, imenso
Tem a rápida explosão dos aneurismas.

Não me olhes. Oh! não, que o próprio inferno
Problemático, fatal, cálido, eterno,
Nos teus olhos, mulher, se foi cravar!...

Não me olhes, oh! não, que m'entolece
Tanta luz, tanto sol — e até parece
Que tens músicas cruéis dentro do olhar!..

* * *

A FLOR DO DIABO

Branca e floral como um jasmim-do-Cabo
Maravilhosa ressurgiu um dia
A fatal Criação do fulvo Diabo,
Eleita do pecado e da Harmonia.

Mais do que tudo tinha um ar funesto,
Embora tão radiante e fabulosa.
Havia sutilezas no seu gesto
De recordar uma serpente airosa.

Branca, surgindo das vermelhas chamas
Do Inferno inquisitor, corrupto e langue,
Ela lembrava, Flor de excelsas famas,
A Via-Láctea sobre um mar de sangue.

Foi num momento de saudade e tédio,
De grande tédio e singular Saudade,
Que o Diabo, já das culpas sem remédio,
Para formar a egrégia majestade,

Gerou, da poeira quente das areias
Das praias infinitas do Desejo,
Essa langue sereia das sereias,
Desencantada com o calor de um beijo.

Sobre galpões de sonho os seus palácios
Tinham bizarros e galhardos luxos.
Mais grave de eloqüência que os Horácios,
Vivia a vida dos perfeitos bruxos.

Sono e preguiça, mais preguiça e sono,
Luxúrias de nababo e mais luxúrias,
Moles coxins de lânguido abandono
Por entre estranhas florações purpúreas.

Às vezes, sob o luar, nos rios mortos,
Na vaga ondulação dos lagos frios,
Boiavam diabos de chavelhos tortos,
E de vultos macabros, fugidios.

A lua dava sensações inquietas
As paisagens avérnicas em torno
E alguns demônios com perfis de ascetas
Dormiam no luar um sono morno...

Foi por horas de Cisma, horas etéreas
De magia secreta e triste, quando
Nas lagoas letíficas, sidéreas,
O cadáver da lua vai boiando...

Foi numa dessas noites taciturnas
Que o velho Diabo, sábio dentre os sábios,
Desencantado o seu poder das furnas,
Com o riso augusto a flamejar nos lábios,

Formou a flor de encantos esquisitos
E de essências esdrúxulas e finas,
Pondo nela oscilantes infinitos
De vaidades e graças femininas.

E deu-lhe a quint'essência dos aromas,
Sonoras harpas de alma, extravagancias,
Pureza hostial e púbere de pomas,
Toda a melancolia das distancias...

Para haver mais requinte e haver mais viva,
Doce beleza e original carícia,
Deu-lhe uns toques ligeiros de ave esquiva
E uma auréola secreta de malícia.

Mas hoje o Diabo já senil, já fóssil,
Da sua Criação desiludido,
Perdida a antiga ingenuidade dócil,
Chora um pranto noturno de Vencido.

Como do fundo de vitrais, de frescos
De góticas capelas isoladas,
Chora e sonha com mundos pitorescos,
Na nostalgia das Regiões Sonhadas.

[Cruz e Sousa em: Obras Completas]

ANTÍFONA

Ó Formas alvas, brancas. Formas claras
De luares, de neves, de neblinas!...
Ó Formas vagas, fluidas, cristalinas...
Incensos dos turíbulos das aras...

Formas do Amor, constelarmente puras,
De Virgens e de Santas vaporosas...
Brilhos errantes, mádidas frescuras
E dolências de lírios e de rosas...
Indefiníveis músicas supremas.
Harmonias da Cor e do Perfume
Horas do Ocaso, trêmulas, extremas.

Réquiem do Sol que a Dor da Luz resume...
Visões, salmos e cânticos serenos,
Surdinas de órgãos flébeis, soluçantes...
Dormências de volúpicos venenos
Sutis e suaves, mórbidos, radiantes...
Infinitos espíritos dispersos,
Inefáveis, edênicos, aéreos,
Fecundai o Mistério destes versos
Com a chama ideal de todos os mistérios.

Do Sonho as mais azuis diafaneidades
Que fuljam, que na Estrofe se levantem
E as emoções, todas as castidades
Da alma do Versos, pelos versos cantem.

Que o pólen de ouro dos mais finos astros
Fecunde e inflame a rima clara e ardente...
Que brilhe a correção dos alabastros
Sonoramente, luminosamente.

Forças originais, essência, graça
De carnes de mulher, delicadezas...
Todo esse eflúvio que por ondas passa
Do Éter nas róseas e áureas correntezas...

Cristais diluídos de clarões álacres,
Desejos, vibrações, ânsias, alentos,
Fulvas vitórias, triunfamentos acres,
Os mais estranhos estremecimentos...
Flores negras do tédio e flores vagas
De amores vãos, tantálicos, doentios...

Fundas vermelhidões de velhas chagas
Em sangue, abertas, escorrendo em rios...
Tudo! vivo e nervoso e quente e forte,
Nos turbbilhões quiméricos do Sonho,
Passe, cantando, ante o perfil medonho
E o tropel cabalístico da Morte...

[Cruz e Sousa em: Broqueis]

VINHO NEGRO

O vinho negro do imortal pecado
Envenenou nossas humanas veias
Como fascinações de atrás sereias
E um inferno sinistro e perfumado.
O sangue canta, o sol maravilhado
Do nosso corpo, em ondas fartas, cheias.
como que quer rasgar essas cadeias
Em que a carne o retém acorrentado.
E o sangue chama o vinho negro e quente
Do pecado letal, impenitente,
O vinho negro do pecado inquieto.
E tudo nesse vinho mais se apura,
Ganha outra graça, forma e formosura,
Grave beleza d'esplendor secreto.

(ultimos sonetos)
[Cruz e Sousa em: Broqueis]

ROSA NEGRA

Nervosa Flor, carnívora, suprema,
Flor dos sonhos da Morte, Flor sombria,
Nos labirintos da tu'alma fria
Deixa que eu sofra, me debata e gema.

Do Dante o atroz, o tenebroso lema
Do Inferno a porta em trágica ironia,
Eu vejo, com terrível agonia,
Sobre o teu coração, torvo problema.

Flor do delírio, flor do sangue estuoso
Que explode, porejando, caudaloso,
Das volúpias da carne nos gemidos.

Rosa negra da treva, Flor do nada,
Dá-me essa boca acídula, rasgada,
Que vale mais que os corações proibidos!

[Cruz e Sousa em: O livro derradeiro]

O CULTO A JUREMA SAGRADA

Tata Menezes

O Culto a Jurema Sagrada, também conhecido como Catimbó ou apenas como Jurema, é um culto aborígene brasileiro. Sua gênese se dá através do culto indígena. O culto passou por diversas adaptações através dos anos com a influência da escravidão, da bruxaria europeia e do homem-branco com suas crenças judaico-cristãs.

É dito por alguns antigos – nem tão antigos assim –, que há anos atrás o culto apenas era remetido aos caboclos, índios e encantados, conforme eram cultuados na antiguidade pelos verdadeiros donos desta terra. Com o passar dos anos, a Jurema deixa de ser apenas um culto somente a índio e encantados, e vira um culto também à mestria. Homens e mulheres que viveram neste mundo e que, de alguma forma, após sua morte, foram resgatados e resgatadas para a cidade sagrada da Jurema onde hoje os conhecemos como Mestres e Mestras.

Posso citar que esses homens eram bêbados, curadores, rezadeiros feiticeiros, matadores, homens da lida com o gado; assim como as senhoras mestras eram prostitutas, rezadeiras, mulheres de trabalho pesado, parteiras, feiticeiras dentre outras definições que só a mestria pode nos revelar na sua infinidade de espíritos existente no Juremá, a cidade sagrada.

A Jurema, assim como a grande maioria dos cultos, é uma **religião iniciática**. Seu primeiro impacto se dá com o **batizado** do adepto, após o batismo vem o **desenvolvimento mediúnico, consagração e tombo**, conforme tradição da minha família, tendo em vista que em outras famílias, o último estágio é a consagração. Essa última diferença citada, também é vista explicitamente na Jurema do Rio Grande do Norte e em algumas casas da Paraíba.

Falando sobre esses estágios, o **batizado** é onde o adepto mostra a sua vontade de estar naquela casa/templo. São feitos rituais de banhos, rezas, juremação ou calço de fogo, evocações e de assentamento das suas correntes espirituais. **No desenvolvimento mediúnico**, este adepto já batizado vai, através da mestria da casa, ser desenvolvido para que suas correntes recebam a doutrina necessária para trabalhar. Posso dizer que é um dos processos mais importantes de um médium, pois neste estágio, tanto ele como a mestria e as demais entidades, serão doutrinadas de acordo com a vivência da casa. A Jurema não é uma receita de bolo. Ritos que eu faço na minha casa, talvez na de outrem não faça. A forma como eu conduzo um rito "padrão", você pode conduzir de outro modo, mas tudo dentro da ciência do culto.

É importante reiterar, também, que hoje em dia, muitos se batizam e já querem pular para a consagração ou tombo e é aí onde mora um perigo. É como aquela famosa frase que diz *"aquele que não se senta para aprender, nunca ficará em pé para ensinar"*. Pular estágios é perigoso tanto para o médium como para quem vai ter contato com a corrente espiritual do mesmo. Sem doutrin, sem aprendizado, como pode trabalhar ou ensinar a outrem?

Na consagração são feitos ritos voltados aos guias da Jurema, onde buscamos fortalece-los ainda mais.

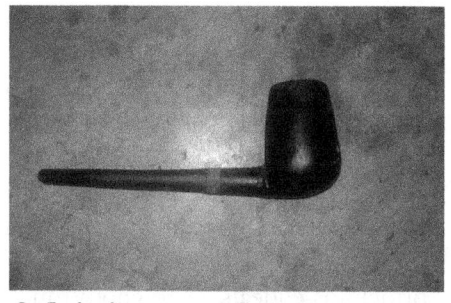

O Cachimbo, a arma do Juremeiro, onde é usado para abalar as cidades sagradas e mandar o recado para o mundo.

Recolhe-se por alguns dias no templo e os ritos iniciam. Aqui é o primeiro estágio sacerdotal do adepto, onde lhe será entregue alguns itens sagrados e lhe será ensinado o "a mais" e ele será testado e observado, assim como sua mestria, para o último estágio.

O tombo é o estágio final sacerdotal. Um rito complexo, onde se recolhe geralmente por 7 dias, não menos que isso, para que este filho ou filha se torne um Juremeiro ou Juremeira.

Um rito extremamente melindroso, onde um Juremeiro já tombado, irá conduzir o espírito do médium junto a seu Mestre até a cidade sagrada e o Mestre deverá retornar trazendo algumas informações de lá, bem como o nome de batismo, nome das cidades sagradas, onde ele nasceu, onde ele morreu, onde está enterrado, nome de pai/mãe etc. Tudo varia de casa para casa.

Após tudo aprovado pelo sacerdote que conduz o rito, seguem as obrigações e os demais ritos que são segredos de culto. Esta é a estrutura hierárquica dentro da Jurema Sagrada.

Dentro da nossa casa, o culto é seguido de uma forma diferente e para muitos é motivo de polêmicas.

A Jurema esteve em mim desde cedo, já que alguns familiares são do culto. O cristianismo viveu em mim, pois fui seminarista, mas no decorrer dos anos, após minha saída do culto ao demiurgo, me aprofundei no Caminho da Mão Esquerda e busco vivenciar a Jurema de acordo com meus princípios e ideais e isto choca muita gente. É fato que a Jurema não é satanista, assim como eu discordo que ela seja cristã. Há sim, inegavelmente, a influência do cristianismo no Catimbó devido as crenças de muitos mestres e mestras conforme relatei anteriormente.

Há, em algumas casas que sigam essa linha, os terços, as novenas, trezenas, tríduos, bem como outros ritos ligados à cultura judaico-cristã. Não vejo nenhum problema em quem queira seguir estes costumes, como também não vejo problemas em quem não queira segui-los.

Existe aqui em Recife uma casa que conheço, em que o sacerdote, ainda que não seja ligado ao Caminho da Mão Esquerda, desvincula o Catimbó destes costumes cristãos e posso dizer que é uma ciência maravilhosa de ver trabalhar.

Em minha opinião, jamais posso conceber que um "ser divino" que condena cultos necromantes, e que dizimou o índio a quem me guia no Catimbó, possa ser adorado em nosso meio. É impossível para eu ter o cristo soberano no culto, sabendo que através do seu livro sagrado ele nos condena por louvar aos mortos. É impossível louvar ao

> "Existem também entidades que foram bruxas, feiticeiras, devido a influência da bruxaria europeia no solo brasileiro e algumas destas também habitam as cidades sagradas de esquerda da Jurema".

meu índio e aos pretos-velhos sem lembrar que eles foram torturados, tiveram suas terras tomadas, suas famílias desestruturadas por ter que se curvar ao homem branco e ao seu deus genocida. Adorar a quem matou nossos ancestrais é como ter a Síndrome de Estocolmo! As senzalas foram abertas, o negro é livre, apesar ainda do racismo religioso. Não me curvo mais a um senhor que não seja aquele que eu creio por medo de uma chibata ou de um lugar repleto de fogo que o demiurgo, deus de amor, manda aqueles que não os adora. Libertamo-nos fisicamente da senzala, mas a luta para a libertação da mente, para um diálogo amplo sobre este assunto é muito maior.

Na minha casa é natural aos meus filhos e a mim verem mestrias, inclusive uma Mestra minha, incorporar e saudar à trindade cristã. Isto remete à crença que a mesma tinha enquanto viva e deve-se respeitar, pois faz parte da história do espírito e é algo que a gente considera sagrado, porque com toda essa vivência da entidade neste mundo terreno que hoje, dentro da cidade sagrada, como uma mestra Juremeira, ela traz seus ensinamentos para nosso dia-a-dia.

Para muitos isto é uma incoerência, pois preferem se fechar ao etnocentrismo cristão no culto a expandir a mente para a descristianização do mesmo. Se a Mestra que outrora foi cristã, que desce no couro de um não-cristão, não ver nada demais nos meus ideais do Caminho da Mão Esquerda, por que devo me preocupar com a opinião alheia? O que me importa é saber que esta mesma Mestra me abençoa abundantemente com seus encantos.

É importante também saber que, na cidade sagrada, habitam entidades denominadas de "esquerda". Geralmente essas entidades ficam na função mais pesada, como limpezas e ataques, todavia não restritas apenas a isto. Eu incorporo uma Mestra esquerdeira chamada Maria do Bagaço e ela é a entidade que posso dizer "de frente". É com ela que na maioria das vezes os clientes preferem falar, é com ela que os recados de todos da casa chegam, é ela quem nos alerta do perigo e é ela quem ataca quando é preciso atacar e faz com maestria.

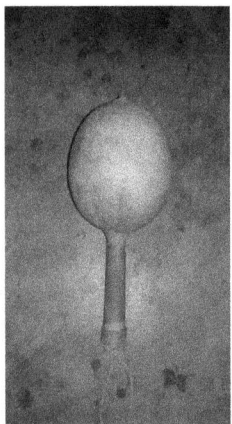

O Maracá é usado para abalar os encantos da Jurema.

O Assentamento do Mestre. O tronco de Jurema Preta e suas 7 cidades sagradas

Quem a conhece, sabe. Existem também entidades que foram bruxas feiticeiras, devido a influência da bruxaria europeia no solo brasileiro e algumas destas também habitam as cidades sagradas de esquerda da Jurema. É aí onde entra o falso proselitismo destes puros e imaculados que são etnocentristas cristãos. Na hora de atacar, ninguém lembra do "maior mandamento" que o jesus deixou, ninguém oferece a outra face para bater. E a esquerda reina! (risos).

O que mais aprendo com minha mestria e busco repassar aos meus filhos e filhas é que Juremeiro não vacila. A base principal é o culto. Um bom Juremeiro tem que estar firme com suas correntes.

O cachimbo, que é um dos nossos objetos litúrgicos, usado para abalar a cidade sagrada e para mandar nosso recado pelo mundo, tem que estar devidamente preparado e você ali, no pé da tronqueira do Mestre, buscando ciência para as situações da vida. Uma Jurema limpa, bem cuidada e bem fumaçada é sinal de vida próspera e abundante. Aprendi isto com meus mais velhos e vejo que é a pura realidade na prática.

Os juremados da minha casa, que são aqueles que passaram pelo batismo, aprende a se defender e a atacar também quando preciso for. Aprende a trabalhar de boca fechada, sem alarde, fazendo menção a um cântico que diz "O segredo da jurema todo mundo quer saber, mas é como casa de abelha que trabalha sem ninguém ver".

Sendo conclusivo, digo que é maravilhoso estar no meio de algo que você se encontra, sobretudo se for um culto onde você é acolhido sem distinção de nada. Eu sempre digo que a Jurema me escolheu. Eu não a escolhi. Fui escolhido. E hoje vejo a rama da minha ciência se expandir pelo Nordeste e em pouco tempo, pelo Brasil. Na nossa casa, todos são acolhidos, afinal somos uma sociedade iniciática que preza pelo bem-estar dos seus. A Jurema, em nosso solo sagrado, é para todos e todas. A Jurema é a folha que cura, é a certeza da proteção, é a religião dos esquecidos, é a certeza dos caminhos abertos...A Jurema é, pra mim, um alicerce espiritual que me molda a cada dia. Que me inspira a sempre seguir em frente sem medo dos obstáculos. Pois o que é impossível para mim, eu coloco nas mãos dos encantos e eles resolvem.

Salve a Jurema Sagrada, Salve Tupã e Tamain!

Que os encantos da Jurema abençoe a todos vocês.

Gilberto Menezes, 24 anos, Filósofo, Professor de Língua Inglesa e Líder do Templo de Quimbanda Exú Rei das Sete Encruzilhadas e Exú Caveira. Sacerdote de Quimbanda, Jurema Sagrada, Isese Lagbá e de algumas vertentes do Caminho da Mão Esquerda. Realiza iniciações pelo Brasil e na Europa, pactos, magias e consultas espirituais.

Contato: +55 81 98794-4511 / E-mail: babaesufemi@gmail.com /ig: @tatamenezesdebagaco/ fb.com/menezesesufemi

NO MUNDO

OS

Antônio é como aqueles adolescentes africanos de que fala o escritor inglês. Os adolescentes sabiam dos deuses católicos e dos seus próprios deuses, mas só veneravam o uísque e o *schilling*. Antônio conhece muito bem N. S.ª das Dores, está familiarizado com os *orixálas* da África, mas só respeita o papel-moeda e o vinho do Porto. Graças a esses dois poderosos agentes, gozei da intimidade de Antônio, negro inteligente e vivaz; graças a Antônio, conheci as casas das ruas de São Diogo, Barão de S. Felix, Hospício, Núncio e da América, onde se realizam os *candomblés* e vivem os pais-de-santo. E rendi graças a Deus, porque não há decerto, em toda a cidade, meio tão interessante.

Vai V.S. admirar muita coisa! - dizia Antônio a sorrir; e dizia a verdade.

Da grande quantidade de escravos africanos vindos para o Rio no tempo do Brasil colônia e do Brasil monarquia, restam uns mil negros. São todos das pequenas nações do interior da África, pertencem ao *igesá, oié, ebá, aboum, haussá, itaqua,* ou se consideram filhos dos *ibouam, ixáu* dos *gêge* e dos *cambindas*. Alguns ricos mandam a descendência brasileira à África para estudar a religião, outros deixam como dote aos filhos cruzados daqui os mistérios e as feitiçarias. Todos, porém, falam entre si um idioma comum: - o *eubá*.

Antônio, que estudou em Lagos, dizia:

- O *eubá* para os africanos é como o inglês para os povos civilizados. Quem fala o *eubá* pode atravessar a África e viver entre os pretos do Rio. Só os *cambindas* ignoram o *eubá*, mas esses ignoram até a própria língua, que é muito difícil. Quando os *cambindas* falam, misturam todas as línguas... Agora os *orixás* e os *alufás* só falam o *eubá*.

- Orixás, alufás? - fiz eu, admirado. São duas religiões inteiramente diversas. Vai ver.

Com efeito. Os negros africanos dividem-se em duas grandes crenças: os *orixás* e os *alufás*.

Os *orixás*, em maior número, são os mais complicados e os mais animistas. Litólatras e fitólatras, têm um enorme arsenal de santos, confundem os santos católicos com os seus santos, e vivem a vida dupla, encontrando em cada pedra, em cada casco de tartaruga, em cada erva, uma alma e um espírito. Essa espécie de politeísmo bárbaro tem divindades que se manifestam e divindades invisíveis. Os negros guardam a idéia de um Deus absoluto como o Deus católico: *Orixa-alúm*. A lista dos santos é infindável. Há o *orixalá*, que é o mais velho, *Axum*, a mãe dágua doce, *Ie-man-já*, a sereia, *Exu*, o diabo, que anda sempre detrás da porta, *Sapanam*, o Santíssimo Sacramento dos católicos, o *Irocô*, cuja aparição se faz na árvore sagrada da gameleira, o *Gunocô*, tremendo e grande, o *Ogum*, S. Jorge ou o Deus da guerra, a *Dadá*, a *Orainha*, que são invisíveis, e muitos outros, como o santo do trovão e o santo das ervas. A juntar a essa coleção complicada, têm os negros ainda os espíritos maus e os *heledás* ou anjos da guarda.

Natural que para corresponder à hierarquia celeste seja necessária uma hierarquia eclesiástica. As criaturas vivem em poder do invisível e só quem tem estudos e preparo pode saber o que os santos querem. Há por isso grande quantidade de autoridades religiosas.

Às vezes encontramos nas ruas negros retintos que mastigam sem cessar. São *babalaôs*, matemáticos geniais, sabedores dos segredos santos e do futuro da gente; são *babás* que atiram o

DOS FEITIÇOS (1ª Parte)

FEITICEIROS

João do Rio

endilogum; são *babaloxás*, pais-de-santos veneráveis. Nos lanhos da cara puseram o pó da salvação e na boca têm sempre o *obi*, noz de cola, boa para o estômago e asseguradora das pragas.

Antônio, que conversava dos progressos da magia na África, disse-me um dia que era como Renan e Shakespeare: vivia na dúvida. Isso não o impedia de acreditar nas pragas e no trabalhão que os santos africanos dão. V. s. não imagina! Santo tem a festa anual, aparece de repente à pessoa em que se quer meter e esta é obrigada logo a fazer festa; santo comparece ao juramento das *Iauô* e passa fora, do Carnaval à Semana Santa; e logo quer mais festa... Só descansa mesmo de fevereiro a abril.

- Estão veraneando.

- No carnaval os negros fazem *ebó*.

- Que vem a ser *ebó*?

- *Ebó* é despacho. Os santos vão todos para o campo e ficam lá descansando.

- Talvez estejam em Petrópolis.

- Não. Santo deixa a cidade pelo mato, está mesmo entre as ervas.

- Mas quais são os cargos religiosos?

- Há os *babalaôs*, os *açoba*, os *aboré*, grau máximo, as mães-pequenas, os *ogan*, as *agibonam*...

A lista é como a dos santos, muito comprida, e cada um desses personagens representa papel distinto nos sacrifícios, nos *candomblés* e nas feitiçarias. Antônio mostra-me os mais notáveis, os pais-de-santo: Oluou, Eruosaim, Alamijo, Adé-Oié, os *babalaôs* Emídio, Oloô-teté, que significa treme-treme, e um bando de feiticeiros: Torquato requipá ou fogo pára-chuva, Obitaiô, Vagô, Apotijá, Veridiana, Crioula Capitão, Rosenda, Nosuanan, a célebre Chica de Vavá, que um político economista protege...

- A Chica tem proteção política?
- Ora se tem! Mas que pensa o senhor? Há homens importantes que devem quantias avultadas aos *alufás* e *babalaôs* que são grau 32 da Maçonaria.

Dessa gente, poucos lêem. Outrora ainda havia sábios que destrinçavam o livro sagrado e sabiam porque *Exu* é mau - tudo direitinho e claro como água. Hoje a aprendizagem é feita de ouvido. O africano egoísta pai-de-santo, ensina ao *aboré*, as *iauó* quando lhes entrega a navalha, de modo que não só a arte perde muitas das suas fases curiosas como as histórias são adulteradas e esquecidas.

- Também agora não é preciso saber o *Saó Hauin*. Negro só olhando e sabendo o nome da pessoa pode fazer mal, diz Antônio.

Os *orixás* são em geral polígamos. Nessas casas das ruas centrais de uma grande cidade, há homens que vivem rodeados de mulheres, e cada noite, como nos sertões da África, o leito do *babaloxás* é ocupado por uma das esposas. Não há ciúmes, a mais velha anuncia quem a deve substituir, e todas trabalham para a tranqüilidade do pai. Oloô-Teté, um velho que tem noventa anos no mínimo, ainda conserva a companheira nas delícias do himeneu, e os mais sacudidos transformam as filhas-de-santo em *huris* de serralhos. Os *alulás* têm um rito diverso. São maometanos com um fundo de misticismo. Quase todos dão para estudar a religião, e os próprios malandros que lhes usurpam o título sabem mais que os *orixás*. Logo depois do *suma* ou batismo e da circuncisão ou *kola*, os *alufás* habilitam-se à leitura do Alcorão. A sua obrigação é o *kissium*, a prece. Rezam ao tomar banho, lavando a ponta dos dedos, os pés e o nariz, rezam de manhã, rezam ao pôr-do-sol. Eu os vi, retintos, com a cara reluzente entre as barbas brancas, fazendo o *aluma gariba*, quando o crescente lunar aparecia no céu. Para essas preces, vestem o *abadá*, uma túnica branca de mangas perdidas, enterram na cabeça um *filá* vermelho, donde pende uma faixa branca, e, à noite, o *kissium* continua, sentados eles em pele de carneiro ou de tigre.

- Só os *alufás* ricos sentam-se em peles de tigre, diz-nos Antônio.

Essas criaturas contam à noite o rosário ou *tessubá*, têm o preceito de não comer carne de porco, escrevem as orações numas taboas as *atô*, com tinta feita de arroz queimado, e jejuam como os judeus quarenta dias a fio, só tomando refeições de madrugada e ao pôr-do-sol. Gente de cerimonial, depois do *assumy*, não há festa mais importante como a do *ramadan*, em que trocam o *saká* ou presentes mútuos. Tanto a sua administração religiosa como a judiciária estão por inteiro independentes da terra em que vivem. Há em várias tribos vigários gerais ou *ladamos*, obedecendo ao *lemano*, o bispo, e a parte judiciária está a cargo dos *alikaly*, Juizes, *sagabamo*, imediatos de juizes, e *assivajiú*, mestre de cerimônias. Para ser *alufá* é preciso grande estudo, e esses pretos que se fingem sérios, que se casam com gravidade, não deixam também de fazer *amuré* com três e quatro mulheres.

- Quando o jovem *alufá* termina o seu exame, os outros dançam o *opasuma* e conduzem o iniciado a cavalo pelas ruas, para significar o triunfo.

- Mas essas passeatas são impossíveis aqui, brado eu.

- Não são. As cerimônias realizam-se sempre nas estações dos subúrbios, em lugares afastados, e os *alufás*, vestem as suas roupas brancas e o seu gorro vermelho.

Naturalmente Antônio fez-me conhecer os *alufás*:
Alikali; o *lemano* atual, um preto de pernas tortas, morador à rua Barão de S. Félix, que incute respeito e terror; o Chico Mina, cuja filha estuda violino, Alufapão Ojó, Abacajebú, Ginjá, Manê, brasileiro de nascimento, e outros muitos.

Os *alufás* não gostam da gente de santo a que chamam *auauadó-chum*; a gente de santo despreza os bichos que não comem porco, tratando-os de *malés*. Mas acham-se todos relacionados pela língua, com costumes exteriores mais ou menos idênticos e vivendo da feitiçaria. Os *orixás* fazem sacrifícios, afogam os santos em sangue, dão-lhes comidas, enfeites e azeite-de-dendê. Os *alufás*, superiores, apesar da proibição da crença, usam dos *aligenum*, espíritos diabólicos chamados para o bem e o mal, num livro de sortes marcado com tinta vermelha e alguns, os maiores, como *Alikali*, fazem até *idams* ou as grandes mágicas, em que a uma palavra cabalística a chuva deixa de cair e *obis* aparecem em pratos vazios. Antes de estudar os feitiços, as práticas por que passam as *iauô* nas camarinhas e a maneira dos cultos, quis ter uma impressão vaga das casas e dos homens.

Antônio levou-me primeiro à residência de um feiticeiro *alufá*. Pelas mesas, livros com escrituras complicadas, ervas, coelhos, esteiras, um calamo de bambu finíssimo.

Da porta o guia gritou:

- Salamaleco. Ninguém respondeu.
- Salamaleco!
- Maneco Lassalama!

No canto da sala, sentado numa pele de carneiro, um preto desfiava o rosário, com os olhos fixos no alto.

- Não é possível falar agora. Ele está rezando e não quer conversar.

Saímos, e logo na rua encontramos o Xico Mina. Este veste, como qualquer de nós, ternos claros e usa suíças cortadas rentes. Já o conhecia de o ver nos cafés concorridos, conversando com alguns deputados. Quando nos viu, passou rápido.

- Está com medo de perguntas. Chico gosta de fingir.

Entretanto, no trajeto que fizemos do Largo da Carioca à praça da Aclamação, encontramos, a fora um esverdeado discípulo de Alikali, *Omancheo*, como eles dizem, duas mães-de-santo, um velho *babalaô* e dois *babaloxás*. Nós íamos à casa do velho matemático *Oloô-Teté*.

As casas dos minas conservam a sua aparência de outrora, mas estão cheias de negros baianos e de mulatos. São quase sempre rótulas lobregas, onde vivem com o personagem principal cinco, seis e mais pessoas. Nas salas, móveis quebrados e sujos, esteirinhas, bancos; por cima das mesas, terrinas, pucarinhos de água, chapéus de palha, ervas, pastas de oleado onde se guarda o *opelé*; nas paredes, atabaques, vestuários esquisitos, vidros; e no quintal, quase sempre jabotis, galinhas pretas, galos e cabritos. Há na atmosfera um cheiro carregado de azeite-de-dendê, pimenta-da-costa e catinga. Os pretos falam da falta de trabalho, fumando grossos cigarros de palha. Não fosse a credulidade, a vida ser-lhes-ia difícil, porque em cada um dos seus gestos revela-se uma lombeira secular. Alguns velhos passam a vida sentados, a dormitar.

- Está pensando! - dizem os outros.

De repente, os pobres velhos ingênuos acordam, com um sonho mais forte nessa confusa existência de pedras animadas e ervas com espírito.

- Xangô diz que eu tenho de fazer sacrifício!

Xangô, o deus do trovão, ordenou no sono, e o *opelê*, feito de cascas de tartaruga e batizado com sangue, cai na mesa enodoada para dizer com que sacrifício se contenta Xangô.

Outros, os mais malandros, passam a existência deitados no sofá. As

filhas-de-santo, prostitutas algumas, concorrem para lhes descansar a existência, a gente que as vai procurar dá-lhes o supérfluo A preocupação destes é saber mais coisas, os feitiços desconhecidos, e quando entra o que sabe todos os mistérios, ajoelham assustados e beijam-lhe a mão, soluçando:

- Diz como se faz a cantiga e eu te dou todo o meu dinheiro!

À tarde, chegam as mulheres, e os que por acaso trabalham em alguma pedreira. Os feiticeiros conversam de casos, criticam-se uns aos outros, falam com intimidade das figuras mais salientes, do país, do imperador, de que quase todos têm o retrato, de Cotegipe, do barão de Mamanguape, dos presidentes da República.

As mulheres ouvem mastigando *obi* e cantando melopéas sinistramente doces. Essas melopéas são quase sempre as preces, as evocações, e repetem sem modalidade, por tempo indeterminado, a mesma frase.

Só pelos *candomblés* ou sessões de grande feitiçaria, em que os *babalaôs* estão atentos e os pais-de-santo trabalham dia e noite nas camarinhas ou fazendo evocações diante dos fogareiros com o *tessubá* na mão, é que a vida dessa gente deixa a sua calma amolecida de acassá com azeite-de-dendê. Quando entramos na casa de Oloô-Tetê, o matemático macróbio e sensual, uma velha mina, que cantava sonambulicamente, parou de repente.

- Pode continuar.

Ela disse qualquer coisa de incompreensível.

- Está perguntando se o senhor lhe dá dois tostões, ensina-nos Antônio.
- Não há dúvida.

A preta escancara a boca, e, batendo as mãos, põe-se a cantar:

Baba ounlô, ó xocotám, o ilélê.

- Que vem a ser isso?

É o final das festas, quando o santo vai embora. Quer dizer: papai já foi, já fez, já acabou; vai embora! Eu olhava a réstia estreita do quintal onde dormiam jabotis.

- O jaboti é um animal sagrado?

- Não, diz-nos o sábio Antônio. Cada santo gosta do seu animal. Xangô, por exemplo, come jaboti, galo e carneiro. Abaluaiê, pai de varíola, só gosta de cabrito. Os pais-de-santo são obrigados pela sua qualidade a fazer criação de bichos para vender e tê-los sempre à disposição quando precisam de sacrifício. O jaboti é apenas um bicho que dá felicidade O sacrifício é simples. Lava-se bem, às vezes até com champanha a pedra que tem o santo e põe-se dentro da terrina. O sangue do animal escorre; algumas das partes são levadas para onde o santo diz e o resto a roda come.

- Mas há sacrifícios maiores para fazer mal às pessoas?

- Há! para esses até se matam bois.

- Feitiço pega sempre, sentencia o ilustre Oloô-Tetê, com a sua prática venerável. Não há corpo-fechado. Só o que tem é que uns custam mais. Feitiço para pegar em preto é um instante, para mulato já custa, e então para cair em cima de branco a gente sua até não poder mais. Mas pega sempre. Por isso preto usa sempre o *assiqui*, a cobertura, o breve, e não deixa de mastigar *obi*, noz de cola preservativa.

Para mim, homem amável, presentes alguns companheiros seus, Oloô-Tetê tirou o *opelé* que há muitos anos foi batizado e prognosticou o meu futuro.

Este futuro vai ser interessante. Segundo as cascas de tartaruga que se voltavam sempre aos pares, serei felicíssimo, ascendendo com a rapidez dos automóveis a escada de Jacó das posições felizes. É verdade que um inimigozinho malandro pretende perder-me. Eu, porém, o

esmagarei, viajando sempre com cargos elevados e sendo admirado. Abracei respeitoso o matemático que resolvera o quadrado da hipotenusa do desconhecido.

- Põe dinheiro aqui - fez ele.

Dei-lhe as notas. Com as mãos trêmulas, o sábio a apalpou longamente.

- Pega agora nesta pedra e nesta concha. Pede o que tiveres vontade à concha, dizendo sim, e à pedra dizendo não.

Assim fiz. O *opelé* caiu de novo no encerado. A concha estava na mão direita de Antônio, a pedra na esquerda, e Oloô tremia falando ao santo, com os negros dedos trêmulos no ar.

- Abra a mão direita! ordenou. Era a concha.
- Se acontecer, *ossumcê* dá presente a Oloô?
- Mas decerto.

Ele correu a consultar o *opelé*. Depois sorriu.

- Dá, sim, santo diz que dá. - E receitou-me os preservativos com que eu serei invulnerável.

Também eu sorria. Pobre velho malandro e ingênuo! Eu perguntara apenas, modestamente, à concha do futuro se seria imperador da China... Enquanto isso, a negra da cantiga entoava outra mais alegre, com grande gestos e risos.

loô-ré, xa-la-ré
Camurá-ridé
O loô-ré, xa-la-ré
Camurá-ridé

- E esta, o que quer dizer?
- É uma cantiga de Orixalá. Significa: O homem do dinheiro está aí. Vamos erguê-lo...

Apertei-lhe a mão jubiloso e reconhecido. Na alusão da ode selvagem a lisonja vivia o encanto da sua vida eterna...

O ESPÍ...
A Magia e ...nhas de
OS ATTRIBUTOS ...DES DA LI...

Os chamados atributos da Linha Branca de Umbanda e Demanda, em seu uso vulgar, causam viva impressão de extravagância ridícula as pessoas de hábitos sociais aprimorados, convencendo-as do atraso dos espíritos incumbidos de usá-los. Mas essas práticas assentam em fundamentos razoáveis. Procuremos esclarecê-las, dizendo, do pouco que sabemos, o que nos for permitido divulgar.

Antes, porém, é conveniente estabelecer e afirmar que as imagens muitas vezes existentes nos recintos das sessões da Linha Branca, não representam um contingente obrigatório do culto, pois são, apenas, permitidas, ou, antes, significam uma concessão dos guias, tornando-se, com frequência, necessárias para atender aos hábitos e predileções de muitíssimas pessoas e de muitíssimos espíritos.

Quando se coloca uma imagem num recinto de trabalho, celebra-se o seu cruzamento, cerimônia pela qual se estabelece a sua ligação fluídica com as entidades espirituais responsáveis pelas reuniões. Renova-se essa ligação automaticamente sempre que há sessão, durante a qual a imagem se transforma em centro de grandes e belos quadros fluídicos.

Encaremos, agora, o assunto principal deste escrito.

Linguagem – A Linha Branca de Umbanda e Demanda tem um idioma próprio, para regular o seu trabalhos, designar os seus atributos e cerimônias, e evitar a divulgação de conhecimentos suscetíveis de uso contrário aos seus objetivos caridosos. Em suas manifestações, conversando entre si, os espíritos, para não serem entendidos pelos assistentes, empregam o linguajar de cabildas africanas, de tribos brasileiras, das regiões onde encarnaram pela última vez. No trato com as pessoas, excetuados os grandes guias, usam da nossa língua comum, deturpando-a a maneira dos pretos ou dos caboclos. Esses trabalhadores do espaço desejam que os julguem atrasados, afim de que os indivíduos que se reputam superiores e são obrigados a recorrer à humildade de espíritos inferiores percebam e compreendam a sua própria inferioridade.

Roupa – Usam-se, em certos trabalhos, roupas brancas, para evitar o amortecimento e arritmia das vibrações, pelas diversidades de coloração. Pode-se acrescentar que os filhos de Umbanda aconselham o uso habitual dos tecidos claros, pelas mesmíssimas razões expressas no apelo dirigido, há anos pelo clube médico desta capital, quando pediu a população carioca o abandono dos padrões escuros.

Calçados – Em certas ocasiões, trabalha-se com os pés descalços, quando não é possível mudar o calçado na Tenda, pois os sapatos com que andamos nas ruas pisam e afundam principalmente nas esquinas em fluidos pesados que se agitam como gazes a flor do solo, e que dificultam as incorporações ou se espalham pelo recinto da reunião, causando perturbações.

Atitudes – Não se permite cruzar as pernas e os braços durante as sessões, porque, como vimos na Magia Negra, essas atitudes quebram ou ameaçam violentamente a cadeia de concentração, impedem a evolução do fluido com que cada assistente deve contribuir para o trabalho coletivo; determinam, com essa retenção, perturbações físicas e até fisiológicas e impossibilitam a incorporação, quando se trata de um médium. Ao descer de certas falanges, como em alguns atos de descarga, sacode-se o corpo em cadência de embalo, na primeira hipótese, para facilitar a incorporação, e na segunda para auxiliar o desprendimento de fluidos que não nos pertençam.

Guia – É um colar de contas da cor simbólica de uma ou mais linhas. Fica, mediante o cruzamento, em ligação fluídica com as entidades espirituais das linhas que representa. Desvia, neutraliza ou enfraquece os

ESPIRITISMO as Sete Linhas de Umbanda

VII — PECULIARIDADES DA LINHA BRANCA

fluidos menos apreciáveis. Periodicamente, é lavado, nas sessões, para limpar-se da gordura do corpo humano, bem como dos fluidos que se aderiram, e de novo cruzada.

Banho de Descarga – Cozimento de ervas para limpar o fluido pesado que adere ao corpo, como um suor invisível. O banho de mar, em alguns casos, produz o mesmo resultado.

Cachaça – Pelas suas propriedades, é uma espécie de desinfetante para certos fluidos; estimula outros, os bons; atrai, pelas vibrações aromáticas, determinadas entidades, e outros bebem-na quando incorporados, em virtude de reminiscência da vida material.

Fumo – Atua pelas vibrações do fogo, e do aroma. A fumaça neutraliza os fluidos magnéticos adversos. É freqüentemente ver-se uma pessoa curada de uma dor de cabeça ou aliviada do incomodo momentâneo de uma chaga, por uma fumarada.

Defumador – Atua pelas vibrações do fogo, e do aroma, pela fumaça e pelo movimento. Atrai as entidades benéficas e afasta as indesejáveis, exercendo uma influência pacificadora sobre o organismo.

Ponto Cantado – É um hino muitas vezes incoerente, porque os espíritos que nos ensinam, o compõem de modo a alcançar certos efeitos no plano material sem revelar aspectos do plano espiritual. Tem, pois, duplo sentido. Atua pelas vibrações, opera movimentos fluídicos e, harmonizando os fluidos, auxilia a incorporação. Chama algumas entidades e afasta outras.

Ponto Riscado – É um desenho emblemático ou simbólico. Atrai, com a concentração que determina para ser traçado, as entidades ou falanges a que se refere. Tem sempre uma significação e exprime, às vezes, muitas coisas, em poucos traços.

Ponteiro – É um punhal pequeno, de preferência com cruzeta na manda, ou empunhadura. Serve para calcular o grau de eficiência dos trabalhos, pois as forças fluídicas contrárias, quando não foram quebradas, o impedem de cravar-se ou o derrubam, depois de firmado. Tem ainda a influência do aço, no tocante ao magnetismo e a eletricidade.

Pólvora – Produz, pelo deslocamento do ar, os grandes abalos fluídicos.

Pemba – Bloco de giz. Usa-se para desenhar os pontos.

Esses recursos e meios não são usados arbitrariamente em qualquer ocasião, nem são necessários nas sessões comuns. A pólvora, por exemplo, só deve ser empregada em trabalhos externos, realizados fora da cidade, ao ar livre. Nos últimos anos, os guia não têm permitido que os centros ou Tendas guardem ou possuam em suas sedes pemba, punhais, ou pólvora, concorrendo, com as suas instruções, para que sejam obedecidas as ordens das autoridades públicas.

Diario de Noticias

Redacção e Officinas — Rua Buenos Aires, 154 — Rio de Janeiro — Terça-feira, 28 de Novembro de 1933

No Congresso Americano foi proposta a rejeição do prohibicionismo, em breve emenda á Constituição, apresentada á Commissão de Justiça da Camara

O ESPIRITISMO

A Magia e as Sete Linhas de Umbanda

XVII

OS ATTRIBUTOS E PECULIARIDADES DA LINHA BRANCA

LEAL DE SOUZA
(Especial para o DIARIO DE NOTICIAS)

Os chamados attributos da Linha Branca de Umbanda e Urnanda, em seu uso vulgar, causam viva impressão de extravagancia ridicula ás pessoas de habitos sociaes aprimorados, conveniendo-se através dos espiritos incumbidos de aual-os. Mas essas praticas ascentam em fundamentos razoaveis. Procuramos esclarecel-as, dizendo do nosso que sabemos, ou do que nos é permittido divulgar.

Antes, porém, é conveniente estabelecer e affirmar que as imagens muitas vezes existentes nos recintos das sessões da Linha Branca não representam um contingente obrigatorio do culto, pois são, apenas, permittidas, ou, antes, significam uma concessão dos guias, tornando-se, pela frequencia, necessarias para attender os habitos e predilecções de multissimos pesadas e de multissimos espiritos.

Quando se colloca uma imagem num recinto de trabalho, celebra-se o seu "cruzamento", ceremonia pela qual se estabelece a sua ligação fluidica com as entidades espirituaes responsaveis pelas reuniões. Renova-se essa ligação automaticamente sempre que ha passe, durante a qual a imagem se transforma em centro de grandes e bellos quadros fluidicos.

Esclarecemos, agora, o assumpto principal deste escripto.

LINGUAGEM — A Linha draca de Umbanda tem um idioma proprio, para regular o seu trabalho, para designar os seus attributos e ceremonias, evitar a divulgação do conhecimento susceptiveis de ser contrario aos seus objectivos caridosos. Em seus manifestações, conversando entre si, os espiritos, para não serem entendidos pelos assistentes, empregam a linguagem de tribus africanas, das regiões onde encarnaram pela ultima vez. No caso em que, porém, se exceptuados os grandes guias, usam da nossa lingua com erros, deturpando-a á maneira dos pretos do dos caboclos.

Uses trabalhadores do espaço desejam que os julguem atrazados, afim de que os individuos que se reputam superiores e são obrigados a recorrer á humildade do espiritos inferiores percebam e comprehendam a sua propria inferioridade.

ROUPA — Usam-se, em certos trabalhos, roupas brancas, para evitar o amortecimento e a arrhytmia das vibrações. Pode-se accrescentar que os filhos de Umbanda acostumam o uso habitual de certos alvos, mesmo socialmente, mas razões expressas no appello dirigido, na nossa reportagem, aos socios do Club Medico desta capital, quando perdia a populança carioca o abandono dos padrões castos.

CALÇADO — Em certas occasiões, trabalha-se com os pés descalços, quando não é possivel mudar o calçado de tonda, pois os sapatos com que andamos nas ruas pisam e afundam, principalmente nas esquinas, em fluidos deleterios, que podem ser aspirados pelos séres invisiveis, que se agitam como gaz a flôr do solo, e que difficultam as incorporações do medium pelo recinto da reunião, causando perturbações.

ATTITUDES. — Não se permitte executar as pernas e os braços durante as sessões, por impedirem a normalidade das vibrações da Magia Negra, cujas attitudes que vibram de ameaçam violentamente a cadela de concentração, impedem a evolução do fluido que cada assistente deve contribuir para o trabalho collectivo; determinam, com essa retenção, perturbações psychicas e até physiologicas, e impossibilitam a incorporação, quando se trata de um medium. Ao descer de certas phalanges, como em acções agudas de descarga, não podem-se o corpo em cadencia de embalo, na primeira hypothese, para facilitar a incorporação, e na segunda para auxiliar o desprendimento de fluidos que não se permittem pronunciar.

GUIA — E' um collar de contas da côr symbolica de uma ou mais linhas. Fica, mediante o "cruzamento", em ligação fluidica com as entidades espirituaes das linhas que representa. Desvia, neutraliza ou enfraquece os fluidos menos apreciaveis. Perlodicamente, é lavado, nas sessões, para limpar-se de carga do corpo humano, bem como dos fluidos que se lhe adherirem, e de outros vehiculos.

BANHO DE DESCARGA. — Cozimento de hervas para limpar o fluido pesado que adhere ao corpo, como um vehiculo invisivel. O banho de mar, em alguns casos, produz o mesmo resultado.

CACHAÇA. — Pelas suas propriedades, é uma especie de desinfectante para certos fluidos; estimula outros, no livre. Nos ultimos annos, os guias não tem permittido que os centros ou tendas praticassem com as suas redes pemba, punhaes, ou polvora, em consequencia, com as s'uas instrucções, para que sejam obedecidas as ordens da autoridades publicas.

FUMO — Activa pelas vibrações de fogo, e de aroma. A fumaça neutralisa os fluidos magneticos adversos. E' frequente ver-se uma pessoa curada de uma dor de cabeça, ou alliviada de incommodo momentaneo de uma phaga, ou por uma fumarada.

DEFUMADOR. — Actúa pelas vibrações de fogo, e do aroma, pela fumaça e pelo movimento. Attrahe as entidades beneficas e afasta as indesejaveis, exercendo uma influencia pacificadora sobre o organismo.

PONTO CANTADO. — E' um hymno muitas vezes incoherente, porque os espiritos compõem de modo a alcançar certos aspectos do plano espiritual. Têm, pois, duplo sentido. Actuam pelas vibrações, pela harmonisando os fluidos, auxilia a incorporação. Chama algumas entidades e afasta outras.

PONTO RISCADO. — E' um desenho emblematico e cabalistico. Attrae, com a concentração que determina, as entidades cujos simbolos alli se acham traçados, as entidades são pilalanges e que se refere. Tem sempre uma significação e exprime, ás vezes, muitas coisas, em poucos traços.

PONTEIRO. — E' um punhal pequeno, de preferencia com ornatos na manga, ou empunhadura. Serve para calcular o grão de efficiencia dos trabalhos, pois as forças fluidicas contrarias, quando não forem quebradas, o impedem de cravar-se, eu o deretham, depois de firmado. Tem, pela influencia do aço, no tocante ao magnetismo e á electricidade.

POLVORA. — Produz, pelo deslocamento do ar, o saranção interno, pelo seu fogo, infinitas vibrações dos rutecações dos elementos e meios casos. Esses recursos a meios são excepcionalmente empregados em qualquer occasião, não são necessarios nas sessões communs. A polvora, por exemplo, só deve ser empregada em trabalhos, reallizados fóra da cidade, ao ar livre. Nos ultimos annos, os guias não tem permittido que os centros ou tendas praticassem com as suas redes pemba, punhaes, ou polvora, em consequencia, com as s'uas instrucções, para que sejam obedecidas as ordens da autoridades publicas.

AMANHÃ: O "despacho".

Direito, Justiça e Fôro

Fôro Cível e Commercial

FALLENCIAS

João Pereira de Figueiredo — O juiz da 2ª Vara Civel, attendendo ao requerimento de Mayerle Fernandes & C., credores, por pilhotas de 644000, decretou hontem, a fallencia de João Pereira de Figueiredo, estabelecido á rua Riachuelo n° 1, tendo nomeado sindico e marcado o prazo legal respectivo á 4 gz outubro, marcando o prazo de 20 dias para as habilitações de credores, e designando o dia 22 de fevereiro para a assembléa de credores.

Avellino Duarte — O juiz da 2ª Vara Civel decretou a fallencia de Avellino Duarte, estabelecido á Largo da Carioca numero 3-C, ao Ancichieri, attendendo ao requerimento de Justino Silva e C. credores importancia de 20 de Setembro 110, nomeado sindico ao designado o dia 8 de 07/02/2020.

J. Garcia — Noutorgava syndico, em substituição, e credor Jayme Pinto, ao Araujo, 14 Vara Civel, Sousa & Almirante. — No mesmo juizio, em substituição, Martim dando de ca do C. da Vara Civel).

Pedro Grisolia & C. — Destinado o dia 2 de dezembro para a assembléa de credores a marcad o syndico (2ª Vara Civel).

Avellino Costa — Nomeados os syndicos, em substituição, Mota Pernambes & C. (6ª Vara Civel).

ASSEMBLEAS DE CREDORES

Estão designadas para hoje, ás 13 horas, as seguintes:

1ª Vara Civel — O. Lemanos, Francisco C. de Sousa e Oliveira & Martins.

3ª Vara Civel — A. Alexandre de Oliveira.

...

GUIA — E' um collar de contas da côr symbolica de uma ou mais linhas...

Fôro Criminal

ABSOLVIÇÕES

O juiz da 8ª Vara Criminal, já, ha tempos, denunciado Mariguel Teixeira Chupa, por ter, a 29 de agosto do corrente anno, infringido um bonde pela nuca do sr. Souza, absolveu-o, por não ter a Accusação logrado provar a autoria.

— O juiz dr. Rocha Lagoa, da 7ª Vara Criminal absolveu hontem, José Luiz da Graça, Affonso Antonio, José de Amaral, Joracel Miranda de Carvalho e Joaquim Duarte Lemos.

Esses accusados os, no marco do corrente anno, Juvenal, medicado no Posto Central da Assistencia, retirando-se em seguida.

CONDEMNAÇÕES

O juiz da 8ª Vara Criminal, em sentença de hontem, condemnou Ary Ferreira, Lopes a um anno de prisão porque, a 29 de junho de 1931, feriu a bala Josephina Barbosa em sua residência rua de Morães.

PRESCRIPTA A ACÇÃO

Pelo juiz da 6ª Vara Criminal, foi hontem julgada prescripta a acção penal movida contra Oreas Garzz Rodriguez Torres, Rio em virtude da accusaço, a 21 de junho de mesmo anno, conduzido a um veiculo do Exercito, pelo rua de São Christovão, ir atropelar e matar Carolina Frago.

OS QUE VÃO SER SUMMARIADOS

Serão summariados para logo, em varas criminaes, os accusados de culpa não apuradas seguintes:

Primeiro — José Pinto do A. recide, Miguel Cruzzeibe Borges, hontem, novamente no conjugaldo do Adolpho Ribeiro da Silva, computaram o de pauvais.

Segundo — Thomas Luis de Sousa e Antonio Rodrigues da Silva (8ª Vara Criminal).

Terceiro — Antonio Conty Maciogon, Maria Gloria de Andrade e Julita da Silva.

Quarta — Dilho Fernando Porter, Luiz Annando da Silva, João de Brito, Sergio Anhelm e dos Santos, João Alegre e dos Santo, Silva.

Quinta — José Pinto Guedes e Innocencio Pires.

Sexta — Altamiro Moreira dos Santos e Innocencio Pires.

Oitava — Milleu da Costa Me...

DENUNCIA

Chimea Henrique Domingos da Silva e seu bondas denunciada no juizo da 4ª Vara Criminal, E que ella passou pelos castrados de maior urgencia, foi a infeliz encontrou, internada no Hospital de Prompto Soccorro, cundo muito grave o seu estado. A policia do 9° districto, pelo qua dr São Christovão, irá apurar e morte Carolina Frago.

PRONUNCIA

O juiz do 3º Magistrato Torres, da 7ª Vara Criminal, pronunciou hontem, Targino Januario da Cunha, que a 13 de agosto do corrente, em sua residencia de rua, Senador Pompeo 129, Societade Cultio dos Empregados, por ocasião de sua assembléa, assinalava o tiro de revolver João Norborno dos Sanoc.

SENTENÇA REFORMADA

A 2ª Camara Criminal, em sessão, absolveu Samuel Miranda, que fôra condemnado nos autos da 3ª Vara Criminal, pro crime de lesões. A queixa foi apresentada por Nair Ayrizia Camba, vulgo "Turco do 13" nas margens.

CAIU DO BONDE

Num bonde da Cantareira, da linha São Gonçalo, viajava, hontem. Waldemar Medeiros, de 29 annos, casado, morador á rua Coronel Ameneres n. 622, quando sem sadie ao sido, foi fortemente contuso na região occipital.

TENTATIVA DE SUICIDIO

Com um ferimento na cavidade direita produzido por projectil de arma de fogo, foi medicado hontem, no Posto Central da Assistencia, José Lucas dos Santos, de 35 annos, casado, portuguez e residente à rua Nery Pinheiro numero 109.

José Lucas, levado por descrença, entrou em desespero contra a existencia, tendo a Assistencia Municipal, lhe prestado os soccorros de maior urgencia, interviram e seguir, no Hospital de Prompto Soccorro.

AGGREDIDO A PUNHAL

Quando passava hontem, a noite, na rua de São Carlos, o operario Joaquim Nascimento de Castro, de 30 annos, casado, portuguez e residente á rua Lacerdo Rabello n. 900, foi inesperadamente aggredido a punhal, por um desconhecido, que fugiu em seguida.

O operario que recebeu um ferimento no hombro direito, foi medicado no Posto Central da Assistencia, retirando-se em seguida.

AGGRESSÃO A FACA

Victima de brutal — estupida aggressão a faca, foi soccorrida hontem, á noite, pela Assistencia "Agylelena", Maria Guilhermina de 32 annos, casada, residente ao carvão de Lloyd, Manoel Miranda, de 24 annos de idade.

Miranda ha tempos que soffre de molestia reputada incuravel, que o impedia de trabalhar intermittemente, e a sua situação, financeira e precupada-va mesmo, a ponto de pensar e, pobre homem no suicidio, conforme mais de uma vez se externara a sua esposa.

Domingo ultimo, Miranda aggredida pela idéa de morrer na rua de sua casa, escandalisava-se para que morrer trabalhado em um fim ahi por em pratica de sua intenção, que uma forte tentativa, brutal.

Havendo na mesma casa um pouco de dynamite, Miranda apoderou-se e astopara a colocar no bolso, e o pretendia explodir, nendo o seu corpo arrebatado, nos podigas a varias porções e distancias.

Foi a aguela do Victoria.

No velha pres o dos disagredidas ao aereo e como fôra sua mulher, que ali espera sentindo o seu marido a esperar tempo do aggressao e — Sua agonia hospitaleira "Laceração completa de corpo por explosão".

Os desagregos do corpo de mulher tres foram apanhados e collocados num tubulo, afim de serem tratados para a necroterio do Meshiny, onde a dr. Baptista Luciuber, medico legista dominguen, ababira uma causa da morte: "Laceração completa de corpo por explosão".

VICTIMAS DA EXPLOSÃO DE UM FOGAREIRO A ALCOOL

Foram soccorridos hontem, a noite, pela Assistencia do Meyer, Katia Leite dos Santos, de 25 annos, brasileira, solteira, domestica, e Carlos José dos Santos, de 2 annos, solteiro, brasileiro, naturaleza nacional, e ambos residentes á rua Divisoria, n. 56.

Um e outra, apresentavam quelmaduras generalizadas, motivo pelo qual, ella foi internada no Hospital de Prompto Soccorro, após se soccorrer de maior urgencia, ella retirou-se para o seu proprio domicilio.

Kela, tirada em cozinha de um fogareiro, que vase e explodir, causando alcançar-se a ás chammas de suas roupas, ao accudir as suas soccorros, manifestar-se, esqueciu-se com fogo, que ficou com as mãos queimadas.

EM NICTHEROY

DESPEDAÇOU O CORPO COM BOMBAS DE DYNAMITE

Na ilha da Cotonéjira, fronteira ao littoral da visinha cidade fluminense, occoreu hontem, a um suicidio que, pelo fato praticado, causou profunda impressão em seus habitantes.

Apresentando ferimentos no rosto e em sua direita, deixou dois cavalleiros de maior urgencia, foi a infeliz encontrou, internada no Hospital de Prompto Soccorro, cundo muito grave o seu estado.

A policia do 9° districto, pelo qua dr São Christovão, irá apurar e constatou a triste occurrencia.

Desappareceram quatrocentos contos de réis do Banco do Commercio

As diligencias policiaes — Como se teria dado esse furto?

A casa do caixa José Avellar, onde o mesmo teria soffrido o mysterioso assalto

O caso que se deu no Banco do Commercio é daquelles que deixam a a opinião publica e absolutamente em suspenso.

Desappareceram do cofre do Banco 400contos de, fiando da caixa 74.000:000.

A casa é passou de bom conceito, filando a diretoria dos arrochos pessoaes, todos aprehendidos.

A NARRATIVA DO CAIXA

O caixa do Banco do Commercio é o sr. José do Avellar, moço de apparecer caudaloso e muito queixa de.

Foi so dia mesmo quem apresentou a policia, a queixa de que fora assaltado, contando que fora assaltado quando chegava ao jardim da sua casa, á rua Conde de Bonfim 140, dirigindo sua automovel particular.

Um individuo que lhe entalou tinha uma idéa que o intimou deixar-se conduzir para as seu porão.

Reanimando-se e procurando ver o necessitivel, se assustou, quando para alli voltou, com o dr. Mark, outro ferimento contuso na região occipital.

Ao volta a si, notou que o cofre do Banco.

Communica contro o caso à dr. cufre do Banco.

Commercial com o caso à dr. cufre do Banco.

Commercial caso à direção do Banco apresentou queixa a policia.

O QUE SE PODE PENSAR

Na descripcao do caixa, há elementos para se saber tempo de aggreedido dos aggressores — o volante do automovel o retorno de Avellar com da dos sua fazenda.

E' escurido, porém, que viajar nosso aggredido não se desmaia reconheceu sua avaria e bem assim que o suo mysterioso assaltantes se haveram sido para trancal-a em sua segura.

Aqui, porém, a policia tem como aqueladas uma circunstancia. O aggredido, como disse, á alegado antes de sua em sua de roupas e por a outra ao furto.

Tambem é digno de registro o facto de assaltantes ter procurado alijar-se dos perseguidores, enfim tratar-se de pessoa familiarisada com o Banco, a ponto de executar rapidamente um furto desse porte.

O INQUERITO

Está presidindo o inquerito o delegado dr. Alberto Teyxgdi, em concordancia á 4ª delegacia auxilia, dirigido as investigações e eu...

MORREU AFOGADO DENTRO DE UMA "TINA" COM AGUA

O menino Waldyr, de 4 annos, filho de José Custodio Faria, residente á rua Miranda n. 132, quando brincava hontem, no quintal de sua residencia, em companhia dos seus irmãozinhos, caiu dentro de uma tina cheia de agua, apenas dando tempo de seu pae seguir fora do retirar ainda com vida, seu filhinho, mas soccorros urgentes foram chamados por telephone pelo grupo escolar Pedro Alcantara Vietra, atravessando socorros para o pobre Waldyr, para que médicas e pessoas não prestassem em virtude de eu sua da agua, o menino já um cadaver.

QUEIXAS E RECLAMAÇÕES

Os leitores deverão enviar as suas queixas ou reclamações ao secretariado do DIARIO DE NOTICIAS, podendo fazel-as pessoalmente, por carta ou pelo telephone 4-4692. Somente serão publicadas as reclamações de carater geral.

VARIAS RUAS SEM AGUA NO MEYER — AS AULAS FORAM SUSPENSAS

Os moradores das ruas Wenceslau, Miguel, Paula de Almeida e muitas outras, no bairro do Meyer, vem dos dias se queixando da falta da agua corrente naquelle capital com bastantes incommodos, em suas habitos, dada a carencia, o obriga os seus moradores á trazel-a e muitas vezes até de Encantado, cujas aguas são sempre em boas condições de aproveitamento, por suas carencia constituir mesmo serio problema para os habitos das ruas acima referidos.

...

De Norte a Sul

BAHIA

EXPOSIÇÃO PECUARIA

BAHIA, 28 (A. B.) — Realisar-se-á, sabbado vindouro nesta capital, uma grande exposição pecuaria à que concorrerão todos os criadores bahianos. Afim de assentar as bases de importante certame, a que concorrerão todos os criadores, sob a presidencia da secretaria de Agricultura, na Associação Commercial, uma assembléa de criadores, sob a presidencia da secretario de Agricultura, sr. Elpidio de Mesquita na Assembléa de creadores, sob a presidencia da secretario de Agricultura, na Associação Commercial, uma assembléa de criadores, sob a presidencia da secretario de Agricultura. Foi nomeada uma grande commissão para tratar do assumpto publicado, em duas horas; tornou tempo de Januario Marquiboas, presidente, os srs. General de Mello, Dyonisio Percas e da Tortes Filho, Pedro Sá Albuquerque, Catharina de João Magalhães Costa.

Ficou tambem assentado que a inauguração do certame será a 1º de março.

S. PAULO

A COMMISSARIA DO EXERCITO DE SALVAÇÃO

S. PAULO, 26 (Pelo correio) — Em visita a nossa capital, chegou hoje de S/s a sr. L. Booth Hellberg, filho do fundador do Exercito de Salvação, a commissario da instituição. S/ veio a bahia. O sr. Booth nos visitou em nossa capital, demonstrando nesta capital, e a quinta-feira proxima.

Durante a sua estada entre nós, realisar-se-ão reuniões importantes reunidas no seguinte programma:

Sexta, ás 15 horas no largo do Rosario — Reunião ao ar livre e em Quadrado, á Carmem Pinho n. 41.

A's 19 horas — Reunião no largo do Camboriú.

A's 20 horas — Reunião de...

Salvação no salão do rua Climaco Barbosa, 35.

Conferencia pelo commissario L. Booth Hellberg no templo da Igreja Unida, á rua Helvetia n. 100.

O chefe do commando do Exercito de Salvação no Brasil, tenente-coronel Alf. E. Lindsfaff o secretario da Commissaria, tenente-coronel sra. Englston Swann Hellberg nas officinas da secção de S. Paulo, acompanhará o commissario Booth Hellberg.

RIO G. DO SUL

A MORTE DO SR. BORGES FORTES

PORTO ALEGRE 28 (A. B.) — Noticias de Sto. Gabriel para a imprensa desta capital, dizem ter fallecido ali o sr. Leonidas Borges Fortes, tio dos generais João e Getuliano Fortes.

O ANNIVERSARIO DO SR. BORGES DE MEDEIROS

PORTO ALEGRE. 28 (A. B.) — Registram-se data anniversaria do natalicio do sr. Borges de Medeiros, grande presidente do Partido Republicano, presidente do Banco Republicano, cuja imprensa desta capital se destacam os artigos sobre prestigiosa procer politico.

MERCADO DE LÃS

PORTO ALEGRE 28 (A. B.) — Noticias de São Bras abertas hoje praça, pelos srs. Filho Albino & C., o mercado de 15, á base de 40$. Esse preço, no entanto, foi novamente recusado pelos promoterios do Estado, que estavam com todo a 42$000 o quilo.

E' consultado, porém, que desta vez é muito difficil a obtenção da alta. Como se demonstrar á nossa capital, nesta data á quinta-feira proxima.

RESTAURANTE "PONTO CHIC" BAHIANO

Casa genuinamente Bahiana, cozinha especialisada na pratos nortistas. Funcciona todos os dias em amplo locaes lindamento installados. Não resta duvida das de loja da Rua Rodrigo Silva, 22. Telephone 2-9799. — Hoje, como as mais variadas iguarias apetitosas: Angu do Quitandeira, Pirão á Paraense com molho de Turubi, Vatapá, Peixe de Moqueca e mais outros manjares dando todos os prazos e todos se leva o conhecer. Recordar e voltar.

RUA RODRIGO SILVA, 32

APOSENTOS SEM PENSÃO
NOVO HOTEL BELLO HORIZONTE

RUA RIACHUELO, 130/134

Alugam-se aposentos por preços excepcionaes. Magnificos quartos, mobiliados, com água corrente, desde 10$. Apartamentos de tres excellentes apartamentos, com sala de banho, desde $400000 e mais. Façam uma visita, hoje mesmo, ao Novo Hotel Bello Horizonte, rua Riachuelo, 134 — Tels. 2-2938 e 9839

Para clarear os dentes e desinfectar a bocca — **Odol** — Pasta Odol

Uma combinação cuja fama corre de bocca em bocca!

O ESPIRITISMO, A Magia e as Sete Linhas de Umbanda

XVIII

Por, Leal de Sousa

O "Despacho"

O despacho, nas Linhas Negras, é um presente, ou uma paga, para alcançar um favor, muitas vezes consistente no aniquilamento de uma pessoa.

Quando o feiticeiro trabalha sozinho, isto é, sem o auxílio de espíritos, o despacho representa uma concentração que se prolonga, por diversas fases; se com esses auxiliares, visa atirá-los contra o indivíduo perseguido; se é da magia, contém, ainda, os corpos cujas propriedades devem ser volatizadas.

Assim, o despacho varia nos elementos componentes e na preparação, conforme o seu objetivo e a natureza das entidades que o realizam, e como as espirituais são materialíssimas, e de gosto abaixo do vulgar, a oferta lhes revela essas qualidades. Pergunta-se, com espanto, se aqueles aos quais se destina a oferenda comem as comedorias que por vezes lhe são levadas. Certo, não as comem, mas extraem delas propriedades ou substâncias que lhes dão a sensação de que as comeram, satisfazendo apetites contraídos na vida terrena, ou adquiridos no espaço, pelo exemplo de outros, a que se abandonaram.

O despacho exerce a sua influência de quatro maneiras: pela ação individual do feiticeiro, em contato fluídico com a vítima; pela ação das entidades propiciadas, causando-lhe exasperações, inquietando-a, atacando-lhe determinados órgãos, perturbando-lhe o raciocínio com sugestões telepáticas, dominando-lhe o cérebro, produzindo moléstias e até a morte; pelo reflexo das propriedades volatizadas e corpos usados pela magia, e pela conjugação de todos esses meios.

A Linha Branca de Umbanda anula esses despachos por processos correlatos. Quando se trata da atuação individual do feiticeiro, desvia o seu pensamento, deixando-o perder-se no espaço, para dar-lhe a impressão de sua impotência e evitar o choque de retorno, que lhe demonstraria que o seu esforço foi contrariado, estimulando-o a recomeçá-lo. Propicia às entidades em atividade prejudicial, ofertando-lhes um despacho igual ao que as moveu ao maléfico, afim de que elas se afastem do enfeitiçado, e freqüentemente faz outro despacho aos espíritos das falanges brancas, mais afins com a pessoa a quem se defende, com o objetivo, este segundo despacho de atraí-las, por meio de uma concentração prolongada, para que auxiliem a restauração mental e física de seu protegido. Volatiza as propriedades de corpos suscetíveis a neutralizar os que foram empregados pela magia. Conjuga todos esses recursos, e quando as entidades propiciadas recusam os presentes e insistem na perseguição, submete-as com energia. Os despachos aos elementos da Linha Negra, isto é, a Exu, ao povo da Encruzilhada, são feitos nos lugares que lhe deu essa designação. Os destinados a atrair os socorros dos trabalhadores da Linha Branca, de ordinário simples e não raro de algum encanto poético; fazem-se alguns, tais os de Euxoce (Oxóssi), e Ogum, nas matas; outros, como os de Xangô, nas pedreiras; muitos, e entre esses os de Amanjár (Iemanjá) nas praias ou no oceano; e aqueles, a exemplo dos de Cosme e Damião, que se dirigem aos espíritos dos que desencarnaram ainda crianças,

no macio gramado dos jardins e prados floridos. Estranha-se que a Linha Branca de Umbanda, trabalhando exclusivamente em benefício do próximo, tenha, alguma vez, realizado despachos com Terra de cemitério. Explica-se com facilidade a razão que a obriga, em certas circunstâncias, a esse recurso extremo.

Localiza-se nos cemitérios uma vasta massa de espíritos inconscientes, semi- inconscientes; ou tendo uma noção confusa da morte e fazendo um conceito errôneo de sua triste situação: - é o chamado povo do cemitério. A magia negra e os feiticeiros os atraem e aproveitam para objetivos cruéis, de uma perversidade revoltante. Com freqüência,

quando um desses espíritos, perde de todo a noção de su

individualidade, convencem-no de que ele é uma determinada pessoa ainda viva no mundo material, e mandam-no procurá-la, para tomar conta do seu corpo. Na sua perturbação, com os fluidos contaminados de propriedades cadavéricas, ele, na convicção de ser quem não é, encosta-se ao outro, num esforço desesperado de reintegração, transmitindo-lhe moléstias terríveis, abalando-o mentalmente e até arrastando-o ao campo santo, a procura da tumba. Para desfazer esse sortilégio, com os cuidados devidos ao espírito infeliz e a pessoa a que ele se apegou, é necessário recorrer ao meio de que lançou mão, para produzir o mal, a magia negra.

Na noite das grandes meditações piedosas, quando, através de oceanos e continentes, a cristandade comemora, com sentimento uníssono, o martírio de Jesus, o Cristo, é que se fazem os mais funestos despachos macabros da banda negra. Violam-se túmulos, roubam-se cadáveres, profana-se a maternidade, em operações de magia sobre o ventre de mulheres grávidas, e uma onda sombria de maldade se alastra, espalhando o sofrimento e o luto.

A Linha Branca de Umbanda não pode cometer, mesmo na defesa do próximo, sacrilégios e profanações, e conjuga a ação combinada de suas sete linhas para dominar essa torrente de treva nefasta. A linha de Xangô, sobretudo, se consagra a reparação do que foi destruído, a de Amanjár (Iemanjá) lava e limpa o ambiente, as de Oxalá e Nha-San (Iansã) amparam os combalidos, enquanto os sagitários de Euxoce (Oxóssi) e falange guerreira de Ogum dominam e castigam os criminosos do espaço.

E, no entanto, o pobre filho de Umbanda templário da ordem branca, surpreendido pela polícia a hora de arriar o despacho, sofre o vexame da prisão e o escândalo dos jornais porque sacrificou o seu repouso a defesa e ao bem estar do próximo.

Templo de Quimbanda Reino de Satanás

Iniciações
Firmezas de Exu e Pombo-Gira
Atração de Clientes
Abertura de Caminhos
Feitiços para saúde, proteção, prosperidade e destruição
Pactos

Contato: Tata Nego (11) 98321-9482

Bruxa Set7 (11) 96956-9128

Diario de Noticias

Rio de Janeiro — Quarta-feira, 30 de Novembro de 1932

Os estudantes nacionalistas de Lemberg, na Polonia, promoveram tumultos e demonstrações anti-semitas, ficando feridas 200 pessoas

O ESPIRITISMO, A Magia e as Sete Linhas de Umbanda

XVIII

O "Despacho"

LEAL DE SOUZA

(Especial para o DIARIO DE NOTICIAS)

O "despacho", nas Linhas Negras, é um presente, ou uma paga, para alcançar um favor, muitas vezes consistente no aniquilamento de uma pessoa.

Quando o feiticeiro trabalha sozinho, isto é, sem o auxilio de espiritos, o "despacho" representa uma concentração que se prolonga, por diversas phases; e, um casos oscilhares, vna altral-os contra o individuo perseguido; e da magia, contém, ainda, os corpos cujas propriedades detém ser votalizadas.

Assim, o "despacho" varia nos elementos componentes e na preparação, conforme o seu objectivo e a natureza das entidades que o realizam, e como as espiritualas são materialisimas, e de gosto abaixo do vulgar, a offerta lhes revela essas qualidades. Pergunta-se, com espanto, se aquelles aos quaes se destina a offerenda comem as comedorias que por vezes lhes são levadas. Certo, não as comem, mas extrahem dellas propriedades ou substancias que lhes dão a sensação de que são nutridas, satisfazendo appetites contrahidos na vida terrena, ou adquiridos no espaço, pelo exemplo de outros, a que se abandonavam.

O "despacho" exerce a sua influencia de quatro maneiras: pela acção individual do feiticeiro, em contacto fluidico com a victima, pela acção das entidades propiciadas, causando-lhe exaspero, gôços, inquietando-a, enlouquecendo-a, determinados orgãos, perturbando-lhe o raciocinio com suggestões telepathicas, dominando-lhe o cerebro, produzindo molestias e até a morte, pelo reflexo das propriedades volatilizadas e corpos usados, pela magia, e pela conjugação de todos esses meios.

A Linha Branca de Umbanda annulla esses "despachos" por processos correlatos. Quando o theta da actuação individual do feiticeiro, desvia o seu pensamento, designado-o perder-se no espaço, para dar-lhe a impressão de que a impotencia e evitar o "choque de retorno" que lhe demonstraria o seu esforço mal orientado; as Tropas as entidades em actividade prejudicial, offerendo-lhes um "despacho" igual aos que se moveu ao malefício, afim de que ellas se afastem do conflicto, e frequentemente as outros "despachos" aos espiritos das phalanges brancas mais affins com a pessoa a quem se defende, com o objectivo, este segundo despacho, de attrahil-as, por meio de uma concentração prolongada, para que auxiliem a restauração mental e psychica de um protegido. Volatilisa as propriedades de corpos susceptiveis de neutralisar as que foram empregadas pela magia. Conjuga todos esses recursos, e quando as entidades propiciadas recusam os

Localiza-se nos cemiterios uma vasta massa de espiritos inconscientes, semi-inconscientes, ou tendo uma noção confusa da morte e fazendo um conceito erroneo da sua triste situação: — é o chamado povo de cemiterio

fícios de espiritos, o "despacho" representa uma concentração que se prolonga, por diversas phases; e, um casos oscilhares, vna altral-os contra o individuo perseguido; e da magia, contém, ainda, os corpos cujas propriedades detém ser votalizadas.

Assim, o "despacho" varia nos elementos componentes e na preparação, conforme o seu objectivo e a natureza das entidades que o realizam, e como as espiritualas são materialisimas, e de gosto abaixo do vulgar, a offerta lhes revela essas qualidades.

Extranha-se que a Linha Branca de Umbanda, trabalhando exclusivamente em beneficio do proximo, tenha, alguma vez, realizado "despachos" com terra de cemiterios. Explica-se com facilidade a razão que a obriga, em certas circumstancias, a esse recurso extremo.

Localisa-se nos cemiterios uma vasta massa de espiritos inconscientes, semi-inconscientes, ou tendo uma noção confusa da morte e fazendo um conceito erroneo da sua triste situação: — é o chamado "povo de cemiterio". A maioria negra-se ao feiticeiro, ou o atrahe, e aproveitam para os objectivos creis, os uma perversidade revoltante. Com frequencia, quando um desses espiritos perde de todo a visão do racionio com suggestões telepathicas, ou se individualisada, a convencem-se de que ella é uma determinada pessoa ainda viva no mundo material, e mandam-na procural-a, para passar conta do seu corpo. Na sua perturbação, com os fluidos, contaminados de propriedades cadavericas, ella, na convicção de ser quem não é, encosta-se ao outro, num esforço desesperado de reintegração, transmittindo-lhe moléstias terriveis, abalando-lhe mentalmente e até atropelhando-o no campo mental, a procura da tumba. Para desfazer esse sortilegio, com os cuidados devidos que o espirito inferior é à pessoa a que elle se apegou, é necessario recorrer ao meio de que lançou mão, esse torrente tão nefasta. A linha de Xangô, sobretudo, se consagra à reparação de que foi destruido, a de Amanhã. Ia lava o limpa o ambiente, ade Oxalá e Ichanama amparam os conhabdados, enquanto os sagitarios de Exu e a phalange guerreira de Ogum dominam e castigam os criminosos do espaço.

E, no entanto, o proprio filho de Umbanda, temerario da ordem branca, surpreendido pela policia à hora de "arriar o despacho", soffre a acção dos jornaes porque sacrifica o seu repouso à defesa e ao bem estar do proximo.

Amanhã: "As sete linhas brancas".

MANIFESTAÇÕES ANTI-SEMITAS EM LEMBERG

LEMBERG, Polonia, 29 — (U. P.) — Os estudantes nacionalistas promoveram graves tumultos e demonstrações anti-semitas, ficando feridas duzentas pessoas. Morreu um estudante, achando-se mais tres seriamente feridos.

Os manifestantes, durante os ultimos dias da semana passada, provocaram desordens, obrigando a policia a intervir. Muitos delles foram preses.

João Scala

A SESSÃO "IN MEMORIAM" DE AMANHÃ

O Partido Democratico-Socialista vae reunir-se amanhã ás 20 1/2 horas, em sua séde á rua da Conceição n. 13, sobrado, numa sessão especial em homenagem a João Scala, membro eminente dessa nova organização, recentemente fallecido.

João Scala, que foi um brilhante e esforçado propagandista da idéa socialista no Brasil, era um nome muito conhecido em nossos circulos intellectuaes, onde a sua cultura, a vivacidade de sua intelligencia e a sua incansavel actividade lhe haviam grangeado geraes sympathias.

Ás homenagens do Partido Democratico-Socialista adheriram varias outras organizações de que João Scala fazia parte, entre as quaes a Loja União Escoceza e Fraternanza Italiana, a Liga Antifascista, a Liga Anticlerical e a Organização Nacional Pró-Estado Leigo.

Homenagem ao interventor de Goyaz

Realizou-se hontem expressiva homenagem da colonia goyana residente nesta capital ao interventor dr. Pedro Ludovico.

Constitui a manifestação em um almoço, no salão de banquetes da Confeitaria Colombo, á rua Gonçalves Dias.

Numerosas pessoas de representação social sentaram-se á mesa, cujo logar de honra foi occupado pela homenageado, dr. Pedro Ludovico, que esteve ladeado, á direita, pelo general Felippe Xavier de Barros, do Departamento da Guerra, e à esquerda, pelo dr. Domingos Netto de Velasco, que representou o general dr. Getulio Vargas, cujas saudações de estadista e patriota realçou, entre as applausos da assembléa.

O discurso de saudação ao interventor federal no Goyaz foi proferido pelo general Xavier de Barros.

O homenageado agradeceu, produzindo longo e eloquente oração, que foi bastante applaudida.

Fallaram, a seguir, o dr. Leofilio Gomes de Almeida, director da Saude Publica do Goyaz (de palestra sentida), Pedro Timon, proferido de 1º rara criminal, o dr. Arthur Pinheiro, o dr. Pedro Ludovico, coronel saudou a todos, ergueu a brinde de honra ao chefe do Governo Provisorio, sr. Getulio Vargas, cujas mercês de estadista e patriota realçou, entre os applausos dos convivas.

Liga Brasileira de Hygiene Mental

Reunir-se-á, amanhã, ás 17 horas, na séde da Liga Brasileira de Hygiene Mental, no Edificio Odeon, a secção de anti-alcoolismo dessa aggremiação scientifica.

Da ordem do dia constam as seguintes communicações: — Dr. Castro Barreto: — "O balanço commercial do alcool e sua progressão entre nós; dr. Ezpyro Goulart: — "A contribuição das escolas de districto na 5ª Semana Anti-Alcoolica"; Prof. Lopes Rodrigues: — "Os trabalhos da recente Semana Anti-alcoolica em Bello Horizonte";

em defesa do proximo, a criteriosa e profanações, e com a acção comunista de suas sete linhas para dominar essa torrente tão nefasta. A linha de Xangô, sobretudo, se consagra á reparação do que foi destruido, a de Amanhã. Ia lava o limpa o ambiente, ade Oxalá e Ichanama amparam os conhabdados, enquanto os sagitarios de Exu e a phalange guerreira de Ogum dominam e castigam os criminosos do espaço.

ACADEMIA DE ARTE NO BRASIL

COMO O NEW YORK TIMES COMMENTA UM ARTIGO PUBLICADO NO "DIARIO DE NOTICIAS"

Quando esteve aqui, o professor Charles Picard, da Sorbonne, teve ensejo de dar-nos uma entrevista, por intermedio do nosso redactor, sr. Renato Almeida, na qual propoz a affirmativa de que deveriamos adoptar a cultura do Mediterraneo e de que os dirigentes da America latina, vindos dos ibero-catholicos, eram intolerantes e differentes da America britannica, advinda dos quakers protestantes. Commentando essa entrevista, o "New York Times", ao penasamento do professor Picard em varios pontos e produziu uma defesa vibrante da influencia americana no Brasil.

O "New York Times", de 24 do mez passado, publica um longo resumo do artigo do sr. Renato Almeida, sujeito as seguintes titulos e subtitulos: "Considera a nossa cultura um exemplo para o Brasil. — "A fascinação não é devida exclusivamente ao meu rheno a do alcool, diz o dr. Almeida.

— "Affirma o progressivo estreitamento dos laços de amizade. — Toda a gente das ideaes latinos e anglo-saxonicos está unindo as Americas.

O grande jornal novayorkino passa, então, a historiar o debate havido e transcreve os trechos do artigo do sr. Renato Almeida, em que aponta o sentido da influencia americana no Brasil que, se não tem o mesmo caracter, nem a tenacidade, nem uma serie de outras características, não deve desapparecer, antes ha fusão de um espirito continental nas forças latinas, que são o substracto da raça, estará a solução almejada.

BATEU VARIAS VEZES, COM A CABEÇA DO MENOR, DE ENCONTRO Á PAREDE

O estudante Leonardo da Costa, de 13 annos e residente á rua Monte Alegre n. 77, dirigiu um inoffensivo graceio á senhora Dyolinda de Souza.

Tomando a brincadeira do escolar, por uma pilréria, dona Dyolinda, não teve duvida em agarrar o menino, apoz sacudil-o com as mãos o pescoço. Em seguida bateu com a cabeça do menor, contra a parede, conduzida para a delegacia do 12º districto policial, onde foi severamente admoestada e convenientemente autuada pelo commissario de dia.

Leonardo, a collegial, victima da estupida aggressão da megera, teve os soccorros de que carecia, no Posto Central da Assistencia.

VICTIMA DE AUTO

Victima de atropellamento por auto, foi medicada hontem, pela Assistencia, a senhora Maria Rosario Moreira, de 36 annos, viuva e residente em Campo Grande.

UMA LUTA POR CAUSA DE 6$900

DOIS HOMENS FERIDOS

O lavrador Aristides Martins dos Santos, pardo, de 35 annos, casado, residente á rua Arroio do Vale sino, empregou vinte mil reis ao operario José Bruno Esteves, branco, de 45 annos, solteiro, residente á estrada Rio-São Paulo deste numero.

José foi pagando em pequenas prestações o pequeno emprestimo. A' agora faltava pagar apenas a quantia de 6$900.

Mas como o adulto estivesse demorando a ser liquidado, Aristides resolveu procurar o devedor.

Encontraram-se e, quando foi abordado o assumpto, José resolveu liquidar a questão á valentona, vibrando um golpe de foice em Aristides.

Este, recebendo o primeiro assalto, conseguiu tomar á arma das mãos do adversario, desfechando-lhe, por sua vez outros golpes.

Correu em auxilio de José o individuo João Leonel, residente no Cachumby, e a luta ficou mais violenta.

Por fim, estava Aristides com uma ferida contusa no labio superior, com perda de substancia, e José Bruno apresentando terrivel censurão no parietal direito, além de contusões e escoriações generalisadas.

Ambos foram presos, e conduzidos á delegacia do 23º districto, tendo ainda passado pelo Posto de Assistencia do Meyer, onde foram medicados. João Leonel, tambem metido na luta, fugiu.

ENFERMEIRA DESHONESTA

FURTOU DE UMA DOENTE UMA PULSEIRA AVALIADA EM 20:000$000

Alzira Ferreira de Souza, que era enfermeira da Casa de Saude de Santo Antonio, apossou-se de uma pulseira, avaliada em 20:000$000 e pertencente a uma senhora alli internada.

Praticado o furto, Alzira fugia para São Paulo, alli empregando-se com um chauffeur que embarcou para Santos. E, em Santos, tendo-se as consequencias do seu erro, rumou para a Bahia.

A policia do 12º districto, a quem o caso foi affecto, apoiada com o auxilio da Secção de Roubos e Furtos da 4ª Delegacia Auxiliar, seguiram as pegadas da enfermeira e ladra, conseguindo, emfim, após a pericia dias, prendel-a em Porto, onde foi praticado quando era cuida de sua collega bahiana a capitura da criminosa.

Levada por despacho que não se justificam, tentou hontem a ladra, de certa existencia, ateando fogo ás vestes, a pretexto de acendor um dos vehiculos.

O "chauffeur" do omnibus, foi preso em flagrante e apresentado á autoridade do 16º districto policial, que autuou, e indispensavel inquerito.

ATEOU FOGO ÁS VESTES

Levada por despeito que não se justifica, tentou hontem, a senhora, apor os curativos de maior urgencia, foi internada no Hospital da Prompto Soccorro.

CHOCARAM-SE UM AUTO-OMNIBUS E UMA AMBULANCIA DA ASSISTENCIA

O lavrador Aristides Coelho, com o auto-omnibus da Viação Excelsior e passava pela esquina uma ambulancia da Assistencia, quando o vehiculo foi bater a parte posterior deste ultimo, produzindo violento choque.

A ambulancia era a de n. 6 da Assistencia, conduzida pelo "chauffeur" Joaquim Domingues Azevedo, tendo como ajudante Malvino José Gonçalves. Nella viajava tambem o dr. Epaminondas Figueredo.

Com o choque, ficou ferido, na testa, o ajudante de "chauffeur" Malvino Gonçalves.

A MORTE TRAGICA DE UM MECANICO DA "VIAÇÃO MODERNA"

IMPRENSADO ENTRE O BONDE E O OMNIBUS, O INFORTUNADO TRABALHADOR TEVE AS COXAS HORRIVELMENTE ESMAGADAS

Quando afinava o carburador do auto-omnibus n. 6, da "Viação Moderna", dirigido pelo motorista Flavio Cardoso, foi victima de um horrivel desastre, o mecanico Carlos Dias, de 39 annos de idade, casado, allemão, residente á rua Senador Alencar n. 27. Dias Christovão e empregado daquella empreza.

O omnibus n. 6 transitava, lado a lado, um vehiculo, pela rua Visconde de Santa Isabel, acontecendo que por uma fatalidade "chauffeur" Dias uma manobra infeliz e o omnibus foi sobre o bonde n. 679 da linha "Lins de Vasconcellos", dirigido pelo motorneiro Antonio Monteiro de Almeida, regulamento n. 3.647, precisando o primeiro chocar-se contra o mecanico, resultando ficar este imprensado entre os dois vehiculos.

O infeliz operario, que ficou com as coxas horrivelmente esmagadas, foi soccorrido pela Assistencia Municipal e conduzido para o Posto, onde veio a fallecer quando era applicado os curativos.

O seu cadaver, com guia das autoridades, foi removido para o necroterio do Instituto Medico Legal.

O "chauffeur" do omnibus, foi preso em flagrante e apresentado á autoridade do 16º districto policial, que autuou, e indispensavel inquerito.

QUEDA DE GRAVES CONSEQUENCIAS

No Eerego de Prompto Soccorro, foi medicado hontem o pintor Waldemar Macellina de Carvalho, de 19 annos de idade, casado, residente á rua Coronel Azevedo, em Campo Grande, nesta capital, tendo hontem, contra o olho, uma vista de muito de Virgolino, na visinha cidade, onde se encontrava.

Zella havia ingerido boa porção de lodo, sendo tenificada no Prompto Soccorro e ouvida pela policia.

CAIU DA ARVORE

O menor José, de 9 annos de idade, filho de José Emilio Barcellos, morador á travessa Fausto, n. 560, foi victima de uma queda da arvore, recebendo sorrochuras, contusões e escoriações, sendo soccorrido no Prompto Soccorro, e após, para sua residencia.

EM NICTHEROY

TENTATIVA DE SUICIDIO

Zella Marlim, de 19 annos de idade, casada, residente á rua Coronel Azevedo, em Campo Grande, nesta capital, tendo hontem, contra o olho, uma vista de muito de Virgolino, na visinha cidade, onde se encontrava.

Zella havia ingerido boa porção de lodo, sendo tenificada no Prompto Soccorro e ouvida pela policia.

QUEIXAS E RECLAMAÇÕES

Os leitores deverão enviar as suas queixas ou reclamações ao secretario do DIARIO DE NOTICIAS, pedindo inserção. As queixas, devidamente assignadas, serão publicadas.

COM A INSPECTORIA DE VEHICULOS

Diariamente, pelas 8 horas da manhã, encosta junto ao predio n. 191 da rua Marvá de Gouvea, em Cascadura, um grande automobilio da Brahma, carregando se vasilhame mettidos garrafas de cerveja, o quaes sr. Flores, vista trafegar de um deposito que a dita companhia mantem pára, caja facilidades servir a rua fregueza daquella bansa.

Waldemar, de desvio dias foi victima de uma queda, tão tragica, accidente, cujo gravesa consequencias agora se manifestam, scode razão para o Hospital Sao João Baptista.

CAIU DE ARVORE

O menor José, de 9 annos de idade, filho de José Emilio Barcellos, morador á travessa Fausto, n. 560, foi victima de uma queda da arvore, recebendo sorrochuras, contusões e escoriações, sendo soccorrido no Prompto Soccorro, e após, para sua residencia.

DEZEMBRO

A Grande Venda Annual Clark

INAUGURAÇÃO Amanhã, dia 1º

Os 31 dias de DEZEMBRO marcarão o maior acontecimento

Grandes lotes de sapatos para serem liquidados com vantajosa bonificação

Sapatos para homens: 30$

PARA SRAS., CREANÇAS, MENINAS e MENINOS, outros preços correspondentemente mais baixos

CASAS Clark

R. OUVIDOR, 105 — R. CARIOCA, 35
RUA MARECHAL FLORIANO, 81 — AV. PASSOS, 29 e 31
R. ESTACIO DE SA, 69 — Nictheroy: R. CONCEIÇÃO, 46

Belleza da Pelle

Remova os defeitos de sua cutis, adquirindo uma epiderme nova com o uso diario do

CREME PELSAN

Acaba rapidamente com as manchas, pannos, sardas, cravos, póros abertos, rugas e espinhas

Prod. PELSAN Ltd.

Rua General Camara, 125 - 1º and.

Tel. 4-0828 — RIO DE JANEIRO

GRATIS: Enviaremos, a quem pedir informações completas e detalhadas sobre os modernos processos scientificos de embelezamento.

Nome ....

Rua ....

Cidade ....

Estado ....

De Norte a Sul

S. PAULO

O RECOLHIMENTO DOS BONUS PAULISTAS

S. PAULO, 29 (A. B.) — Espirando amanhã o prazo para o preenchimento dos bonus paulistas e diante das duvidas surgidas por não ser conhecida ainda a resolução do governo federal a respeito, os portadores dos titulos, em virtude de terminar amanhã o prazo para o recolhimento, foram muitos os transtornos e as victimas deste capital, aguardando uma solução officiale do caso.

PARANÁ

ISENÇÃO DE TAXAS ESCOLARES

CURITYBA, 29 (A. B.) — O interventor federal interino baixou um decreto, insentando os alumnos dos cursos complementares de pagamento das taxas escolares.

FEDERALIZAÇÃO DA FACULDADE DE MEDICINA

CURITYBA, 29 (A. B.) — A Associação Paranaense de Imprensa dirigiu um telegramma ao sr. Getulio Vargas, solicitando a federalização da Faculdade de Medicina desta capital.

NÃO FOI JULGADO DEPOSITARIO INFIEL

S. PAULO, 29 — Marcado para hoje o julgamento do sr. Virgilio Criminal, do Juizo de Justiça da Varra Criminal, do Juizo de Almeida Nobre, conseguindo deputado federal a reunião publica, acentuado de haver deixado a importancia do relativa da promoção, ficando pela promoção por frequencia, pois, allegam, esta atinge só as escolas onde tenha havido longa interrupção de serviços durante os annos anteriores ou havido sido affectadas pelo atrazo no pagamento das taxas.

Assim, sentindo-se prejudicada, a classe do magisterio offereceu ao ministro da Educação, solicitado providencias urgentes de sentido de resolvido a situação.

A AGENCIA BRASILEIRA AUVOGA UM GESTO DO SR. ALBERTO BINS

PORTO ALEGRE, 29 (A. B.) — proposito das reclamações feitas pelo DIARIO DE NOTICIAS daqui, sobre a tomada pelo sr. Alberto Bins, em nome dos intuitos do collegio do Partido Liberal, causamos movimento informar que elle, de facto, pelo pelos partidos, convocar o seu ultimo congresso e que foram abstros todos os cargos, convocados pelo Governo Provisorio, ou três da conciencia do capital, por seus positivos esforços.

Assim, sobreestes adherir as esperanças das classes conservadores os srs. Floros de Cunha, sido se proclamar que Partido inflectiria certas exigencias desse movimento.

RIO G. DO SUL

PROMOÇÕES POR MEDIA

PORTO ALEGRE, 29 (A. B.) — Dessas commissões reformaram-se, tambem, os srs. Frederico do Prado Beek e outros, para que pelos elementos de prestigio entre as classes conservadoras. Satisfeitos como mostra, os professores por serem abolidas, em que se declarou que ia ser reexaminada da materia dos alumnos pela prova...

O ESPIRITISMO, A Magia e as Sete Linhas de Umbanda

XIX
AS SETE LINHAS BRANCAS

LEAL DE SOUZA

(Especial para o DIARIO DE NOTICIAS)

A Linha Branca de Umbanda e Demanda, compreende sete linhas: a primeira de Oxalá; a segunda de Ogum; a terceira, de Euxoce (Oxóssi); a quarta, de Xangô; a quinta de Nha-San (Iansã); a sexta de Amanjar (Iemanjá); a sétima é a linha de Santo, também chamada de Linha das Almas. Essas designações significam, na Língua de Umbanda – a primeira, Jesus, em sua invocação de N. S. do Bonfim; a segunda, São Jorge; a terceira, S. Sebastião; a quarta, São Jerônimo; a quinta, Santa Bárbara. E a sexta, a Virgem Maria, em sua invocação de N. S. da Conceição. A linha de santo é transversal, e mantém a sua unidade através das outras. Cada linha tem o seu ponto emblemático e a sua cor simbólica. A de Oxalá, a cor branca; a de Ogum a encarnada; a de Euxoce (Oxóssi), verde; a de Xangô, roxa; a de Nha-San (Iansã), amarela; a de Amanjar (Iemanjá), azul.

Oxalá é a linha dos trabalhadores humílimos; tem a devoção dos espíritos de pretos de todas as regiões, qualquer que seja a linha de sua atividade, e é nas suas falanges, com Cosme e Damião, que em geral aparecem as entidades que se apresentam como crianças.

A linha de Ogum, que se caracteriza pela energia fluídica de seus componentes, caboclos e pretos da África, em sua maioria, contém em seus quadros as falanges guerreiras de Demanda.

A linha de Euxoce (Oxóssi), também de notável potência fluídica, com entidades, frequentemente dotadas de brilhante saber, é, por excelência, a dos indígenas brasileiros.

A linha de Xangô pratica a caridade sob um critério de implacável justiça: - quem não merece, não tem; quem faz, paga.

A linha de Nhan-San (Iansã) consta de desencarnados que na existência térrea eram devotados de Santa Bárbara.

A linha de Amanjár (Iemanjá) é constituída dos trabalhadores do mar, espíritos das tribos litorâneas, de marujos, de pessoas que perecem afogadas no oceano.

A Linha de Santo é forma de pais de mesa, isto é, de médium de "cabeça cruzada", assim chamados porque se submeteram a uma cerimônia pela qual assumiram o compromisso vitalício de emprestar o seu corpo, sempre que seja preciso, para o trabalho de um espírito determinado, e contraíram "obrigações", equivalentes a deveres rigorosos e realmente invioláveis, pois acarretam, quando esquecidos, penalidades aspérrimas e inevitáveis.

Os trabalhadores espirituais da Linha de Santo, caboclos ou negros, são egressos da Linha Negra, e tem duas missões essenciais na Branca – preparam, em geral, os despachos propiciatórios ao Povo da Encruzilhada, e procuram alcançar amigavelmente de seus antigos companheiros, a suspensão de hostilidades, contra os filhos e protegidos da Linha Branca.

Por isso, nos trabalhos em que aparecem elementos da Linha de Santos, disseminados pelas outras seis, estes ostentam, com as demais cores simbólicas, a preta, de Exu. Na falange geral de cada linha figuram falanges especiais, como na de Euxoce (Oxóssi), a de Urubatan, e na de Ogum, a de Tranca-Rua, que são comparáveis as brigadas dentro das divisões de um exército. Todas as falanges tem característicos próprios para que se reconheçam os seus trabalhadores quando incorporados. Não se confunde um caboclo da falange de Urubatan, com outro de Araribóia, ou de qualquer legião. As falanges dos nossos indígenas, com os seus agregados, formam o "povo das matas"; a dos marujos e espíritos da linha de Amanjar (Iemanjá), o "povo do mar"; os pretos africanos, o "povo da costa"; os baianos e mais negros do Brasil, o "povo da Bahia". As diversas falanges e linhas agem em harmonia, combinando os seus recursos para a eficácia da ação coletiva. Exemplo:

Muita vez, uma questiúncula mínima produz uma grande desgraça... Uma mulatinha que era médium da magia negra, empregando-se em casa de gente opulenta, foi repreendida com severidade por ter reincidido na falta de abandonar o serviço para ir a esquina conversar com o namorado. Queixou-se ao dirigente do seu antro de magia, exagerando, sem dúvida, os agravos, ou supostos agravos recebidos, e arranjou, contra os seus patrões um "despacho" de efeitos sinistros. Em poucos meses, marido e mulher estavam desentendidos, um, com os negócios em descalabro, a outra, atacada de moléstia asquerosa da pele, que ninguém definia, nem curava.

Vencido pelo sofrimento e sem esperança, o casal, aconselhado pela experiência de um amigo, foi a um centro da Linha Branca de Umbanda, onde, como sempre acontece, o guia, em meia hora, esclareceu-o sobre a origem de seus males, dizendo quem e onde fez o "despacho", o que e por que mandou fazê-lo. E, por causa desse rápido namoro de esquina, uma família gemeu na miséria, e a Linha Branca de Umbanda fez, no espaço, um de seus maiores esforços.

Propiciou-se as entidades causadoras de tantos danos, com um" despacho" igual ao que as lançou ao malefício, e, como o presente não surtisse resultado, por não ter sido aceito, os trabalhadores espirituais da Linha de Santo agiram, junto aos seus antigos companheiros de Encruzilhada, para alcançar o abandono pacífico dos perseguidos, mas foram informados que não se perdoava o agra a médiuns da linha negra. Elementos da falange de Euxoce (Oxóssi) teceram as redes de captura, e os secundou, com o ímpeto costumeiro, a falange guerreira de Ogum, mas a resistência adversa, oposta por blocos fortíssimos, de espíritos adestrados nas lutas fluídicas, obrigou a Linha Branca a recursos extremos, trabalhando fora da cidade à margem de um rio.

Com a pólvora sacudiu-se o ar, produzindo-se formidáveis deslocamentos de fluidos; apelou-se, depois, para os meios magnéticos, e, por fim, as descargas elétricas fagulharam na limpidez puríssima da tarde.

Os trabalhadores de Amanjar (Iemanjá), com a água volatizada do oceano, auxiliados pelos de Nha-San (Iansã), lavaram os resíduos dos maléficos desfeito e, enquanto os servos de Xangô encaminhavam os rebeldes submetidos, o casal se restaurava na saúde e na fortuna.

As presentes matérias apresentadas nessas foram publicadas na coluna intitulada "O Espiritismo, a Magia e as Sete Linhas de Umbanda", uma série dedicada a descrever as práticas espirituais das Tendas Espíritas e/ou centros que exercem práticas do que posteriormente seria classificado como Umbanda. Essa série de notícias resultou na publicação de um único volume com o mesmo título da matéria de jornal, publicado originalmente em 1933, considerado o primeiro livro de umbanda pelos estudiosos do tema. Você pode consultar o material na íntegra disponibilizado de forma gratuita na internet através do site da Biblioteca Nacional Digital: http://bndigital.bn.gov.br/hemeroteca-digital/ e você também pode adquirir um exemplar da mais nova edição deste livro publicado pela Fundamentos de Axé Editora, um selo da Editora Aruanda Eireli, publicado no Rio de Janeiro em 2019. Este belíssimo volume, conta com o prefácio de Nnikolas Peripolli e posfácio de Diamantino Fernandes Trindade, autor de diversos livros do gênero.

Adquira já o seu exemplar em:

https://editoraaruanda.com.br
contato@editoraaruanda.com.br
Facebook:/editoraaruanda
Instagram: @editoraaruanda

Diario de Noticias

1ª EDIÇÃO 4 HORAS — Reportagens — Noticiario — **2ª SECÇÃO 6 PAGS.**

Redacção e Officinas — Rua Buenos Aires, 134 — Rio de Janeiro — Quinta-feira, 1 de Dezembro de 1932

Reclama-se em Nova-York o pagamento dos juros dos titulos riograndenses do sul emittidos em 1868

Rumando para o exilio

Seguiram, hontem, pelo «Raul Soares», varios militares e civis implicados no movimento politico-militar de S. Paulo
Como decorreu o embarque dos deportados - Outras notas

Rompendo a monotonia reinante nos arraiaes da politica, correu ante-hontem, á tarde, pela cidade, a noticia de que havia deportados mais politicos e officiaes que participaram do movimento politico-militar de S. Paulo. De facto a noticia em pouco se confirmou e a nossa reportagem, saindo em campo, foi fazer averiguações a respeito.

Sobre os nomes dos que deviam partir havia, nas fontes autorizadas, grande sigillo.

RONDANDO O PRESIDIO DO MEYER, NA RUA PARAGUAY

Por pela madrugada, bem cedo, que o reporter do DIARIO DE NOTICIAS chegou ás immediações do Presidio do Meyer, quasi no fim da rua Paraguay. Já havia all grande movimento. O dono do armazem de seccos e molhados que serve ao Presidio e que fica bem defronte delle, com gentileza nos informou que a aparelha ali começara cedo, porque a partida dos presos politicos ali recolhidos se daria entre oito e dez horas da manhã. Espiando da sacada de uma casa fronteira, conseguimos, realmente, verificar que havia ali intenso movimento.

Poucos minutos passavam das sete quando tres caminhões encostaram á porta do presidio. E decorridos vinte minutos as malas e bagagens dos prisioneiros começaram a ser colocadas nos caminhões. Uma hora levaram os carregadores nesse serviço até que, quando por terminado e passadas as cordas em torno das pilhas de bagagens, os omnibus partiram.

CHEGA, AO PRESIDIO O SE DIRECTOR, DR. ISRAEL SOUTO

Eram 7,30 quando chegou ao presidio o dr. Israel Sou-

to, antigo jornalista e hoje director do presidio. S. s. encontrou a tomar providencias para a partida dos detidos.

OS OFFICIAES DO EXERCITO QUE FORAM DEPORTADOS HONTEM

Pelo "Raul Soares" partiram para o exilio os seguintes officiaes:

Coronel Oscar Saturnino de Paiva, tenente-coronel Adolpho da Cunha Leal, tenente-coronel Francisco Jaguaribe Gomes de Mattos, major Henrique Quintiliano de Castro e Silva, major João Carlos dos Reis Junior, major Luiz Silvestre Gomes Coelho, capitão Archimimo Pereira, capitão Severino José da Costa Junior.

OS CIVIS QUE SEGUIRAM

Dr. Ataliba Leonel, dr. Haroldo Pacheco e Silva, sr. Ismael Ribeiro, sr. Januario Fiori, sr. Joaquim Ferreira Lobo Nenê Sobrinho, dr. José Joaquim Mereira Rabello, dr. José Roberto Leite Penteado, sr. Manoel dos Passos Maia, dr. Percival de Oliveira, dr. Waldemar Rippol e sr. Tito Solari.

O MOVIMENTO NO CAES DO PORTO

Desde cedo era bastante intenso o movimento de pessoas no Caes do Porto. Natural a curiosidade de assistir á partida dos politicos e militares que serviram ao movimento armado ao lado de São Paulo. Não eram só amigos particulares e familias dos deportados, os que se achavam all. Eram tambem homens que nenhuma relação social ou politica tinham com elles, mas que queriam conhecer de vista os vultos que, durante tres mezes, se mantiveram em evidencia.

O "RAUL SOARES" ATRACOU NO CAES DO ARMAZEM 15

Um pouco mais tarde,

Varios deportados entre parentes e amigos a bordo do "Raul Soares"

"Raul Soares", a cujo bordo viajam os deportados, atracou no caes do armazem 15. Toda uma vaga humana se movimentou na direcção do navio. Homens e mulheres não disfarçavam sua ansia de assistir ao embarque dos prisioneiros politicos e militares, ao desfile daquelle pugillo de condemnados ao exilio.

CHEGAM OS MILITARES E POLITICOS AO CAES DO PORTO

Vinte e cinco minutos faltavam para as 9 horas, quando os militares e politicos que foram deportados começaram a desembarcar no armazem 15 do Caes do Porto. Era grande o numero de amigos que ali os aguardavam para abraçal-os. Sem demora, todos elles seguiram para a prancha do navio.

O EMBARQUE

Começaram os deportados a galgar a prancha do navio, com embrulhos e maletas de mão.

Alguns subiram a larga escada conversando com pessoas da familia e outros palestrando entre si. O sr. Ataliba Leonel, trajando um terno elegante, sorrindo, palestrava com o capitão Duarindo e o coronel Oscar Saturnino de Paiva, com bom humor, abraçava um amigo que, muito commovido, lhe dizia adeus. O dr. José Roberto Leite Penteano, carregando uma gorda "valise", estava em bicas e o sr. Ismael Ribeiro sorria num grupo de senhoras.

OS QUE NAO SEGUIRAM AINDA

O sr. Arthur Bernardes ainda desta vez não seguiu para a Europa. Sabemos, entretanto que o ex-presidente da Republica solicitou da policia permissão para embarcar no proximo vapor que se destine ao Velho Mundo, o que lhe teria sido concedido.

Tambem deixou de emarcar o sr. Paulo Morães e Barros, por se achar doente na Casa de Saude S. Sebastião. O antigo politico democrata dirigiu á policia pedido identico ao do sr. Bernardes, sendo attendido. Assim viajara dentro em breve.

EXTINCTOS OS PRESIDIOS POLITICOS

O chefe de policia extinguiu todos os presidios politicos, excto o do Meyer, onde se acham recolhidos alguns officiaes do Exercito que partiparam do movimento armado ao lado do general Klinger.

O desastre de hontem, á noite, na rua da America

Um auto-transporte vae de encontro a um bonde, ficando inteiramente espatifado

Tres victimas do desastre — Como se verificou o facto — Outras notas

Verificou-se hontem, ás 18 horas, na rua da America, um desastre.

Delle, resultou tres victimas, uma das quaes, foi hospitalizada em estado grave.

Aquella hora, descia rumo ao largo de São Francisco, o bonde n. 1742, da linha "Praia das Palmeiras", dirigido pelo motorneiro Manuel José de Carvalho, regulamento n. 3.201, e na mesma occasião, com regular velocidade, vinha o auto-transporte n. 5.930, de propriedade de Luiz de Sousa Guedes, residente á rua Sabah n. 10 e guiado pelo "chauffeur" Pedro Lemos da Silva, que apresentava contusões na região frontal e escoriações na face. Alexandra Costa e Manoel Rodrigues da Silva, com ferimentos na cabeça, e Pedro Lemos da Silva, com ferimentos no rosto e na mão esquerda.

O primeiro e o ultimo, após se submetterem aos curativos necessarios para as suas residencias, emquanto o ajudante, o "chauffeur" Alexandre Costa, por apresentar ferimentos mais graves em seu ferimentos, foi internado no Hospital de Prompto Socorro.

Na sala da Capella, na Casa de Detenção, estão recolhidas tambem cerca de 20 pessoas, algumas das quaes vão ser postas em liberdade.

ÀS 8,15 PARTIRAM OS DETIDOS DO PRESIDIO PARA O CAES DO PORTO

O corpo de minutos passavam das oito horas quando, em automoveis, os officiaes e politicos detidos no Presidio do Meyer partiram para o armazem 15 do Caes do Porto. Foi intenso o movimento de curiosos em torno do presidio na rua Paraguay quando os presos partiram acompanhados do commissario Seraphim, da 4ª delegacia auxiliar.

AS FAMILIAS DE ALGUNS DOS EXILADOS SEGUIRAM, TAMBEM, NO "RAUL SOARES"

As familias de alguns dos deportados tiveram consentimento para acompanhar, ao

exilio, os seus chefes, seguindo com elles a bordo do "Raul Soares".

ABRAÇOS, BEIJOS, LENÇOS QUE ENXUGAM LAGRIMAS E LAGRIMAS QUE ROLAM DE OLHOS TRISTES

O convés do "Raul Soares" offereceu aos olhos do reporter, ao momento em que o navio se apresentava para partir, aspectos chocantes. Viam-se nos grupos que se formaram ao longo do convés, em todas as suas expressões, manifestações de pezar. Uma filha, de olhos verdes, abraça a beija, commovidamente o pae, um velho official do Exercito, que se commove até ás lagrimas. A guapita aberta nos braços museulosos a esposa e beija democraticamente o filhinho, um moreno esbanjador. Um grupo, mais adeante, uma velhinha de mascara enrugada, que acompanha um filho, um civil que participou da Revolução. Esse é um destes, seus roubados, escondendo outras lagrimas e apenas no ambiente uma grande tristeza.

UM CONTINGENTE DA POLICIA MILITAR

No "Raul Soares" seguiu um contingente de 10 praças da Policia Militar, sob o commando de um ajudante, acompanhando os deportados.

DESTA VEZ É O DELEGADO TORNAGHI

Viajara, até Recife, acompanhando os politicos e militares deportados, o delegado Alberto Tornaghi.

O RUMOROSO CASO DAS ESTAMPILHAS

A proposito desse rumoroso caso o sr. Hostilio Ximenes de Oliveira escreveu-nos uma carta desmentido categoricamente o depoimento divulgado, hontem, pelo "O Globo".

Publicaremos amanhã esse desmentido.

DEZEMBRO
A Grande Venda Annual
HOJE Inauguração
Clark

Os 31 dias de DEZEMBRO marcando o maior acontecimento.

Grandes lotes de sapatos para serem liquidados com vantajosa bonificação.

Sapatos para homens: 30$

CASAS Clark

R. OUVIDOR, 105 — R. CARIOCA, 38
RUA MARECHAL FLORIANO, 94 — AV. PASSOS, 29 e 31
R. ESTACIO DE SA, 60 — Nictheroy: R. CONCEIÇÃO, 46

O ESPIRITISMO,
A Magia e as Sete Linhas de Umbanda
XIX
AS SETE LINHAS BRANCAS
LEAL DE SOUZA
(Especial para o DIARIO DE NOTICIAS)

A Linha Branca de Umbanda e Demanda, comprehende sete linhas: — a primeira, de Oxalá; a segunda, de Ogun; a terceira, de Euxoce; a quarta, de Xangô; a quinta, de Inhassan; a sexta, de Amanjar; e sétima, a a Linha de Santo, tambem chamada Linha das Almas.

Essas designações significam, na Lingua de Umbanda, — a primeira, Jesus, em sua invocação de N. S. do Bomfim; a segunda, S. Jorge; a terceira, S. Sebastião; a quarta, S. Jeronymo; a quinta, Santa Barbara, e a sexta, a Virgem Maria, em sua invocação de N. S. da Conceição. A Linha de Santo é transversal, e mantem a sua unidade através das outras.

Cada linha tem o seu ponto emblematico e a sua côr symbolica. A de Oxalá, a côr branca; a de Ogun, a encarnada; a de Euxoce, verde; a de Xangô, roxa; a de Inhassan, amarella; e a de Amanjar, azul. Oxalá é a linha dos trabalhadores humilimos; tem a devoção dos espiritos de pé, de todas as origens, qualquer que seja a linha de sua actividade, e é a linha dos protegidos, com Cosme e Damião, que em geral apparecem as entidades que se apresentam como crianças.

A linha de Ogun, que se caracteriza pela energia fluidica de seus componentes, cabloclos e pretos da Africa, em sua maioria, contém em seus quadros as phalanges guerreiras de Demanda.

A linha de Euxoce, linha de notavel potencia fluidica, tem cabloclos frequentissimos e dotados de brilhante saber, é, por excellencia, a dos indigenas brasileiros.

A linha de Xangô pratica a caridade sob um criterio de implacavel justiça: — quem não merece, não tem; quem fez, paga.

A linha de Inhassan censta de desencarnados que em existencia terreal eram devotados a Santa Barbara.

A linha de Amanjar é constituida dos trabalhadores do mar, espiritos das tribus litoraneas, de marujos, de pessoas que pereceram afogadas no oceano.

A Linha de Santo é formada de "pães de mesa", isto é, de medium "de cabeça cruzada", assim chamados porque se submetteram a uma ceremonia pela qual assumiram o compromisso espiritual de prestar o seu corpo, sempre que seja preciso, para o trabalho de um espirito determinado, e contrairam "obrigações", equivalentes a deveres rigorosos, e realmente inviolaveis, pois acarretam, quando espesidos, penalidades superiores e inevitaveis.

Os trabalhadores espirituaes da Linha de Santo, cabloclos ou negros, são egressos da Linha Negra, e têm duas missões essenciaes na linha branca: preparam, em geral, os "despachos" propiciatorios ao Povo da Encruzilhada, e procuram alcançar antagonistes de seus antigos companheiros, a suspensão de hostilidades contra os filhos e protegidos da Linha Branca. Por isso, nos trabalhos em que apparecem elementos da Linha de Santo dissseminados pelas outras sete, côres orientaes, com as demaes côres symbolicas, a preta, de Echó.

Na phalange geral de cada linha figuram phalanges especiaes, como, na de Euxoce, a de Urubatan; a de Ogun, a de Truncassu; que são comparaveis às brigadas dentro das divisões de um exercito.

Todas as phalanges têm caracteristicas proprias para que se reconheçam os seus trabalhadores quando incorporados da phalange de Urubatan, que faz parte da phalange de Euxoce, um outro da de Araribgöda, ou de qualquer legião.

As phalanges dos nossos indigenas, com as suas aggregações, formam o povo das mattas; as dos marujos; e uns espiritos da linha de Amanjar, o "povo do mar", os pretos africanos, o "povo da costa", os baianos e mais negros do Brasil, o "povo da Bahia".

As diversas phalanges e linhas agem em harmonia, combinando os seus recursos para eficacia da acção collectiva. Exemplo.

...Muita vez, uma tiuncula minima produz uma grande desgraça... Uma mulatinha que era medium da magia negra, empregando-se em casa de gente opulenta, foi reprehendida com severidade por ter reincidido na falta de abandonar o serviço

(Conclue na 5ª pag.)

Para clarear os dentes e desinfectar a bocca

Odol

Pasta Odol

Uma combinação cuja fama corre de bocca em bocca!

OS TITULOS RIO-GRANDENSES DE 1868 EM NOVA YORK

NOVA YORK, 30 (U. P.) — A firma Whiteweld & C. annuncia que não recebeu fundos para o pagamento dos juros vencidos no dia 1º de dezembro proximo dos titulos emittidos pelo Estado do Rio Grande do Sul em 1868, cujos juros de seis por cento não foram pagos desde 1º de dezembro de 1931.

MAIORAIS DO POVO DE EXU

Por Aluizio Fontenelle

Tendo por finalidade este livro, não só comentar como também ensinar aos que desconhecem total ou parcialmente tudo quanto diz respeito às entidades do mal, propus-me esmiuçar, trazendo à luz o que de interessante e produtivo existe no contato que com essas entidades topamos a cada passo em virtude do conhecimento exato que possuo no que diz respeito às práticas e atividades dos Exus, tendo em vista o tirocínio de longos anos de estudos feitos através da evolução da religião espirita.

Na maioria dos que trafegam nas sendas espirituais, pode-se dizer que 90% (noventa por cento) desconhece na realidade os pesados trabalhos afetos aos EXUS, e por essa razão quero mostrar que, embora não seja muito lisonjeiro lidar com essa espécie de entidades, necessário se torna que se conheça tudo o que é bom e tudo o que é mau em se tratando de EXU. Assim, pois, começarei descrevendo um por um dos MAIORAIS de Exu, sua evolução através dos séculos, seus pontos cabalísticos, seus trabalhos, enfim, a finalidade de cada um nos diversos planos espirituais.

EXU-REI

Sua Majestade "Lúcifer" ou Exu-Rei, é o dono e senhor das trevas. Considerado pela sua falange como o "ABSOLUTO", é quem domina o reino da terra, e comentadíssima é a sua existência nos diversos planos espirituais. Tendo começado o exército da sua missão, conforme expliquei detalhadamente no Capítulo XIII – "Como se originou o mal"; EXU-REI, o maioral dos Exus, jamais se apresenta em qualquer terreiro, a não ser quando invocado em trabalhos de "ALTA MAGIA ASTRAL", visto ser considerado como a entidade de maior poder e de maior capacidade no culto da MAGIA NEGRA. Dotados de poderes infernais, intitula-se o REI DOS ESPÍRITOS ou o "SANCTUM REGNUM".

De três poderes principais é imbuído o "MAIORAL DOS EXUS" tal como nas diversas religiões se conhece DEUS, representado pela Santíssima Trindade. Apresentando-se com três denominativos que são: Lúcifer, Béelzebuth e Aschtaroth, Exu-Rei faz-se assim representar perante a humanidade inteira, desde os primórdios das civilizações, e que nos atuais dias que ora atravessamos, vai aos poucos se modificando com a evolução e a concepção que os espíritas julgam estar certo, quando na realidade não passa de mera concepção imaginativa.

Com absoluta certeza, posso afirmar mediante conhecimento de Alta Magia através de aprofundados estudos, que, as três personalidades integrantes do Maioral, apresentam-se da seguinte maneira: **LÚCIFER**, sob o aspecto e forma que desejar, é mais conhecido como possuidor de belíssima capa preta, forrada de vermelho, tendo no alto da cabeça dois "cornos", tem as feições finas, e o seu gesto é de um perfeito cavalheiro, tal qual foi concebido por DANTE ALIGHIERI, na sua Divina Comédia. Pode ele transformar-se e apresentar-se aos olhos daqueles que se dizem videntes, sob a forma de um espírito qualquer, notando-se apenas a arrogância do seu porte, dizendo sempre REI, e como tal, deve ser tratado. Nem sempre é monstruosa a apresentação e Lúcifer, pois, procurando na mistificação encobrir a sua verdadeira identidade, quer fazer crer a quantos o invocam que ele é o Senhor Absoluto do Universo. Intitula-se Deus, e sua força é por demais uma Entidade de Luz.

Protege todos quantos buscam nos malefícios, prejudicar seus semelhantes, pois, compraz-se unicamente em arrastar os incautos que inconscientemente se atiram de mil formas nas práticas da Magia Negra.

Trabalhando com as diversas falanges em cumprimento as determinações que lhe são impostas pelo Divino criador, que o concedeu ao Reino das Trevas, Exu-Rei é obrigado a colaborar com os Orixás da Umbanda nos diversos trabalhos de magia, para o desmanche dos seus próprios malefícios; e por isso diz-se que o Exu tanto pode fazer o bem, como pode fazer o mal.

Tendo sido um dos maiores iluminados, quando, na qualidade do ANJO BELO permaneceu na Corte Celestial, não perdeu ele o poder fantástico da sua mente, e por isso, comanda um poderoso exército de Entidades do mal, as quais, segundo a hierarquia predominante em todas as condições que regem os destinos da humanidade, subdividem-se da seguinte maneira:

LÚCIFER, tendo como assistente: Put Satanakia e Agalieraps, dois anjos descaídos, que hoje nas Umbandas são invocados mais comumente como: "EXU MARABÔ" e "EXU MANGUEIRA".

BÉELZEBUTH – segunda pessoa de Lúcifer, apresentando-se sob formas extraordinárias, como por exemplo: na figura de um bezerro monstruoso; e às vezes como um bode de longa cauda, tem como assistente: Tarchimache e Fleruty. Conhecido nas Umbandas com as denominações de: "EXU TRANCA-RUAS" e "EXU TIRIRI", respectivamente.

ASCHTAROTH – Terceira pessoa de Lúcifer, mais invocado e conhecido nas Umbandas com o denominativo de:
"EXU REI DAS SETE ENCRUZILHADAS", que se apresenta na forma de um homem perfeito, dominando justamente os caminhos e as estradas que se cruzam e que por isso se denominam de encruzilhadas. Possui Aschtaroth os seus lugares-tenentes que são: Sagathana e Nesbiros, também decaídos, e conhecidos nas Leis de Umbanda e Quimbanda, como

"EXU VELUDO" e "EXU DOS RIOS".

Como não poderia deixar de acontecer, na escala hierárquica do povo de Exú, também a mulher deveria representar um papel preponderante; e assim sendo, conhece-se nas Leis de Umbanda e Quimbanda, a entidade mulher, que com a denominação de "EXU POMBA GIRA", representa a figura que na Lei de Kabala e de acordo com o pentáculo de Lúcifer, está representada como um bode com seios de mulher, possuindo todas as características do Bode de Sabbat – Baphomet de Mendes, representando a arte diabólica da inveja, do ódio, da traição, etc. KLEPOTH, é o verdadeiro nome de "Exu Pomba Gira", a mulher de 7 Exus. Existem ainda outros Exús, que sob as ordens de SYRACH, mais conhecido como EXU CALUNGA, domina os destinos daqueles que afeitos ao mal, os evocam nas práticas e trabalhos de Magia Negra. Sob as ordens de Syrach ou Exu Calunga, dezoito Exus são conhecidos, os quais são assim denominados:

Bechard – Exu dos Ventos

Frimost – Exu Quebra Galho

Klepoth – Exu Pomba Gira

Khil – Exu das 7 Cachoeiras

Merifild – Exu das 7 Cruzes

Clistheret – Exu Tronqueira

Silcharde – Exu das 7 Poeiras

Ségal – Exu Gira Mundo

Hicpacth – Exu das Matas

Humots – Exu das 7 Pedras

Frucissière – Exu dos Cemitérios

Guland – Exu Morcego

Surgat – Exu das 7 portas

Morail – Exu da Sombra 9ou das 7 Sombras)

Frutimière – Exu Tranca Tudo

Claunech – Exu da Pedra Negra

Musifin – Exu da Capa Preta

Huictogaras – Exu Marabá

Segundo alguns autores, há quarenta e cinco Exus chefes que dominam o reino das trevas; porém, outros afirmam que são ao todo cinquenta e quatro; entretanto, a verdade é que apenas quarenta e nove Exus têm o privilégio de mando sobre os restantes, sendo, pois os principais, os que acabamos de citar, em virtude dos demais pouca importância representarem sob as Leis que regem os destinos da Magia Negra.

Quanto aos Exus que atendem pelos nomes de SATANACHIA e SATANACIAS, tendo como lugares tenentes, o primeiro: Serguth e Heramael, e o segundo: Trimasael e Sustugriel acredita-se que sejam outras denominações dadas ao próprio Lúcifer e aos seus assistentes Exu Marabô e Exu Mangueira, em virtude de traduções errôneas dos originais Palli, obtidas dos manuscritos pertencentes aos mestres da Kabala.

Antes de entrarmos nas considerações de cada um dos Exus seus despachos, etc., bem como, quadro sinótico que mais adiante apresento, no qual mostrarei a hierarquia existente entre as falanges do mal, vou descrever a importância predominante de **OMOLU** ou **OMULUM**, Chefe Principal da Linha das Almas na prática da Magia Negra, tão conhecido nas Leis da Quimbanda. OMULU, principal chefe da denominada Linha das Almas, tem a seu cargo a direção de inúmeras falanges de Exus, principalmente daqueles que se destinam aos trabalhos, executados nos cemitérios. Incumbido de dirigir o ser humano quando o espírito vai deixar a matéria, isto é, pelo fenômeno da MORTE. Omulu determina todas as condições que deverão reger esse espírito, antes de lançar-se no espaço onde aguardará de Deus a última palavra sobre a sua reencarnação. Sob as ordens de Omulu, trabalham as seguintes entidades das trevas:

SERGULATH, conhecido nas Umbandas com o nome de EXU CAVEIRA tem a incumbência de transportar o espírito dos mortos através do mundo espiritual, ao destino que lhe for ordenado. Sob o comando de SERGULATH (Exu Caveira), trabalham mais 7 exus, os quais, conhecidos nas Umbandas com varias denominações, exercem grande poder diabólico, sendo os seguintes os seus denominativos KABALÍSTICOS:

PROCULO – (Exu tatá-Caveira) – Provocador do sono da morte, é o manipulador das drogas entorpecentes, narcóticos, etc. Apresenta-se geralmente na forma usual de uma caveira vestida de preto.

HARISTUM – (Exu Brasa) – Comumente denominado Exu das Chamas, do Fogo, ou Brasa; é o provocador dos incêndios e domina o reino do fogo, tendo a facilidade de conceder aos praticantes da Magia Negra, o dom de caminhar entre as chamas sem queimar-se. É comum ver-se essa entidade quando baixada, colocar em suas mãos um carvão em brasa, sem, contudo afetar ou queimar aqueles que o recebem. Sua apresentação é feita geralmente trajando um manto vermelho forrado de preto, trazendo nas mãos o seu fogo simbólico (brasa viva).

BRULEFER – (Exu Pemba) – Propagador das moléstias venéreas. Invoca feitiço, facilitando os amores clandestinos. Usa a Pemba preta para os seus trabalhos de Magia Negra e apresenta-se como um verdadeiro "MAGO" trazendo consigo todos os pertences para a prática do seu ritual.

PENTAGNONY – (Exu Maré – Facilita a invisibilidade, dando poderes de transporte de um lugar para outro, onde exista água Tem o poder de facilitar a amizade com pessoas ricas e de grande influência, bem como, ajuda a quem o evoca, a fazer viagens. Apresenta-se como qualquer criatura normal.

SIDRAGOSUM – (Exu Carangola) – Comanda o ritmo cabalístico da dança, e faz com que os indivíduos fiquem perturbados com gargalhadas histéricas, e dancem sem ter vontade. Apresenta-se com enfeites característicos de danças.

MINOSUM – (Exu Arranca-Toco) – Domina o poder do ouro, facilitando a descoberta dos tesouros escondidos. Trabalha geralmente nas matas e sua apresentação muitas vezes é confundida com a ENTIDADE DA UMBANDA, denominada "CABOCLO ARRANCA TÔCO", considerado um dos grandes "orixás".

BUCONS – (Exu Pagão) – Provoca a separação entre casais, pelo poder que possui em incutir nos corações o ódio e o ciúme entre um e outro sexo, principalmente quando existem filhos, e quando entre os pais existe a dúvida quanto a paternidade do recém-nascido. Apresenta-se vestido de branco e preto. Comandados por HAEL (Exu da Meia Noite), outros 7 exus fazem parte da falange dominante entre as entidades do mal, que atuam nos diversos setores da terra. São eles:

SERGUTH – (Exu Mirim) – que possui grande influência sobre as mulheres e crianças. É o preferido pelas mães de Santo da MAGIA NEGRA nos trabalhos de amarração. A sua apresentação é quase sempre na roupagem de uma criança travessa, quando na realidade não passa de um perfeito Deus do Mal.

TRISMASAEL – (Exu Pimenta) – Elabora a química e todos os filtros de amor. Dá o verdadeiro segredo do pó que transforma os metais. Apresenta-se também como um verdadeiro mágico, e sua presença é notada pelo cheiro ativo de pimenta, que emana do seu corpo fluídico.

SUSTUGRIEL – (Exu Malê) – Tem o poder da arte mágica e das bruxarias que se executam nos terreiros de "CANDOMBLÉS". Sua apresentação é quase sempre fingimento de um perfeito "Preto Velho", notando-se, entretanto a grande diferença, pelo cheiro ativo de enxofre que seu corpo emana nas suas manifestações.

ELEOGAP – (Exu das 7 Montanhas) – Domina com o seu poder as águas dos rios e das cachoeiras que saem das montanhas. Sua apresentação é reconhecida pela roupagem cor de lodo, e pelo cheiro de podre que se conhece, emanado pelas águas estagnadas.

DAMOSTON – (Exu Ganga) – Exerce o domínio dos despachos que se fazem nos cemitérios, quando o trabalho é feito para matar ou salvar uma criatura que se encontra enferma. Apresenta-se com a roupagem cinza e preta, e seu cheiro é de carne em decomposição.

THARITHIMAS – (Exu Kaminaloá) – Da mesma forma que Agalieraps (Exu Mangueira), recebe os despachos, pois trabalham juntos e tem as mesmas manifestações.

NEL BIROTH – (Exu-Quirombô) – Age do mesmo modo que Serguth (Exu-Mirim), preferindo, entretanto prejudicar as mocinhas, induzindo-as ao mau caminho. A sua apresentação é idêntica ao do seu companheiro de trabalho, porém na forma feminina.

EXU - Aluizio Fontenelle - Parzifal Publicações 2018.

Reprodução integral do capítulo intitulado "Maiorais do povo de Exu" extraído do livro Exu de Aluizio Fontenelle originalmente publicado em 1951 e reeditado pela editora Parzifal Publicações em 2018. Para adquirir esta nova edição, vendas exclusivas no site da Amazon Brasil por tempo limitado, garanta já o seu através do link: https://tinyurl.com/yaerosh8

O Grimório Tântrico Integral

Uma Experiência Pessoal da Magia Sexual e do Voudon
Angela Edwards

www.facebook.com/parzifal777 @parzifal_publicacoes info:contato.parzifal@gmail.com

Trabalhos de

Feitiço para desamarrar os negócios, dando progresso

Em um dia de sexta-feira, mais ou menos meia-noite, ir a uma encruzilhada levando um galo completamente preto, devendo o mesmo estar vivo e marrado pelos pés, com uma fita de cor preta, e outra vermelha; levar também uma garrafa de cachaça, um charuto, uma caixa de fósforos e uma uma vela preta e vermelha.

Chegando na encruzilhada, pedir licença ao povo do encruzo, e em seguida abrindo a garrafa de cachaça, salvando os quatro cantos da encruzilhada, melhor explicando:

Derramar um pouco em cada canto da encruzilhada, de modo que ainda fique um pouco de cachaça dentro da garrafa, pondo-a em seguida no centro da encruzilhada, depois acender o charuto, dando três baforadas para o alto, pondo-o encima da boca da garrafa de modo que o mesmo fique deitado, acender também a vela preta e vermelha, deixando depois o charuto em cima da caixa de fósforos que deverá ficar aberta, estando tudo pronto, cantar o seguinte ponto, em homenagem a Exu Tiriri.

*"Exu Tiriri,
Trabalhador da Encruzilhada,
Toma conta e presta conta
No romper da madrugada." (bis)*

Terminando de cantar o ponto, dizer o seguinte:

"Exu Tiriri: eu vos invoco, vos oferecendo este pequeno presente, para que todos os meus caminhos sejam abertos, e totalmente desembaraçados e que todos os meus desejos sejam totalmente realizados, e assim como eu vou soltar este galo, desamarrando-o em vossa homenagem, assim sejam desamarrados e soltos todos os meus negócios, e toda a minha vida, me dando fartura, força e prosperidade deste momento em diante."

Depois de fazer esta invocação desamarrar e soltar o falo no centro da encruzilhada, cantando o ponto a seguir:

*"Firma o ponto
Acerta o passo,
Pra Exu, da encruzilhada
Nunca há embaraço." (bis)*

"Salve Exu Tiriri."

Nota muito importante: O galo, ao ser comprado deve ser preto, e a vela preta e vermelha; caso contrário não terá efeito algum.

***

Grande Trabalho oferecido a Pomba Gira Maria Mulambo

Comprar sete garrafas de marafo, sete cigarrilhas, ou sete cigarros sendo que os mesmos devem ser cumpridos, uma caixa de fósforos, e sete velas pretas e vermelhas.

Este tipo de trabalho serve para derrubar um inimigo, para destruir uma demanda, um caso de processo na justiça ou para afastar uma pessoa indesejável.

Em um dia de sexta-feira, perto de meia-noite mais ou menos, levar todos os objetos a um local onde se junte lixo, por exemplo: um depósito de lixo publico, ou num local onde o lixo é depositado por alguns dias esperando ser removido, etc...

Kimbanda

N.A.Molina

Lá chegando nas bordas onde está acumulado o lixo, abrir as garrafas de cachaça uma por uma e salvando a Pomba Gira Maria Mulambo, isto é, jogar um pouco de cada garrafa em cruz, dispondo-as em círculo. Depois acender as velas, colocando-as cada uma ao lado de cada garrafa. Feito isso acender os sete cigarros pondo-os (cada um) deitados, na boca de cada garrada. Em seguida dizer as seguintes palavras:

"Maria Mulambo, eu te ofereço este presente pedinto-te em troca que Fulano... (dizer o nome completo da pessoa) fique por vós dominado (ou seja por vós castigado) ... (completando o pedido de acordo com o que se deseja obter)."

Feito isso, pedir licença, retirar-se do local dando sete passos para trás, dizendo:

"Espero ser atendido e logo que meu pedido for aceito, aqui voltarei para dar-lhe um presente melhor."

Nota importante: A pessoa que fizer este trabalho, ao ser atendida deve voltar ao local, levando os mesmos objetos e mais sete rosas vermelhas que devem ser colocadas entre as garrafas.

Chamo a atenção do leitor para o seguinte: este trabalho também pode ser oferecido a Exu Mulambo que ali habita, sendo que os cigarros (ou as cigarrilhas) devem ser substituídas por sete charutos, sendo que as rosas vermelhas não devem ser usadas, e no dia do agradecimento deve ser de preferência na última sexta-feira do mês.

Saravá Maria Mulambo.

***

Trabalho para diversos fins, oferecidos a Exu Pomba Gira.

Em um dia de sexta-feira, próximo da meia-noite, de preferência quando a lua estiver em crescente, ir a uma encruzilhada em forma de um T, chamada pelos conhecedores, encruzilhada fêmea. Levar o seguinte material que deve ser adquirido com antecendência: um alguidar com farofa amarela (não esquecer que o alguidar deve ser de barro), uma garrafa de cachaça (marafo), uma cigarrilha, uma vela preta e vermelha, uma caixa de fósforos, três, cinco ou sete vermelhas.

Chegando na encruzilhada em T, pedir licença e arriar o despacho do seguinte modo: o alguidar com a farofa amarela, depois abrir a garrafa de cachaça, jogando um pouco em uz salvando Exu Pomba Gira, em seguida acender a vela preta e vermelha, logo depois acender a cigarrilha, dando três baforadas para o alto, pondo-a em cima da caixa de fósforos, e estando esta parte pronta, arrumar as rosas em forma de ferradura, de acordo com a quantidade que foi levada; tudo pronto, cantar o seguinte ponto:

*"Que bela noite,
Que lindo luar,
Exu Pomba Gira
Vem trabalhar."*

Terminada esta tarefa, geralmente a pessoa que faz este trabalho, sente as vibrações (balança), é a aproximação de Exu Pomba Gira, recebendo a oferenda.

Prosseguir dizendo as seguintes palavras: "Eu vos trouxe este presente, para que meus caminhos sejam abertos, e desembaraçados, e que meus desejos sejam realizados".

E terminar dizendo: "Assim como na encruzilhada faze-se tudo o que queres, assim também seja feito o que eu quero. Estou confiante".

Nota - Se for mulher que deseja ser beneficiada com este trabalho, deve ir em companhia de um homem, pois os trabalhos de Exu Pomba Gira obedecem à lei do sexo, dedicar este trabalho, a Pomba Gira que tiver preferência não esquecendo de citar o nome da mesma.

Também chamamos a atenção, que todo o trabalho ou despacho nas encruzilhadas a não ser em alguns casos, nunca deve ser feito em encruzilhada que tenha trilhos de bonde, como também nunca deve ir uma pessoa só, mas sim duas ou três.

Quanto a encruzilhada fêmea, é quando um caminho ou rua principia ou termina em outra, formando um T.

***

Trabalho para arrebentar uma pessoa inimiga ou indesejável

(Quem o fizer, deve ter certeza absoluta do que vai fazer, isto é, ter firmeza, no pensamento, que o levar a fazer este trabalho)

Em um dia de segunda ou sexta-feira, ir ao Cemitério, apanhar um pouco de terra no Cruzeiro, raspar um pouco de vela, misturando bem e embrulhar, e ir direto na casa do inimigo, (se tiver jeito de entrar, é muito melhor), derramar a terra no local de passagem do mesmo, se por um acaso não for possível entrar, espalhar a mistura no portão de entrada do seu inimigo, de modo que fique bem no local onde ele for obrigado a passar.

Nota importante: Quem fizer este trabalho, deve ir do Cemitério diretamente a casa da pessoa, do contrário o feitiço ficará quebrado (não terá valor algum), não esquecendo que antes de sair de casa deve firmar o anjo de guarda para não ser atingido ou seguido por malefícios.

***

Trabalho de firmeza, com intuito de melhorar aumentando seu dinheiro abrindo seus caminhos

Comprar sete garrafas de marafo, e num dia de sexta-feira, ir a sete encruzilhadas abrindo em cada uma delas uma garrafa de marafo, jogando um pouco no chão, em cruz (isto é, cruzando) e colocando em cada uma delas uma moeda de 10 cent. dizendo as seguintes palavras: "Pvo das encruzilhadas: aqui eu trouxe o vosso marafo e aqui tenho esta moeda, venho pedir a todos que aumentem o meu dinheiro, que me ajudem com todas as vossas forças".

Quando a pessoa for fazendo este trabalho, e estiver na sétima e última encruzilhada, dizer as seguintes palavras: "aqui tem a vossa bebida e a moeda, vos peço pela sétima vez que multiplique o meu dinheiro, e que me dê forças, vos prometendo aqui voltar em outra ocasião quando eu estiver mais formoso", retirar-se dando alguns passos para trás pedindo licença, e dizendo "tenho certeza que serei por vós atendido".

Nota muito importante: As encruzilhadas, devem ser todas as sete seguidas sem interrupção para poder ter o efeito desejado, sendo que na última, depois de tudo terminado, a pessoa não poderá virar-se para olhar para trás e não devendo passar pelas encruzilhadas onde se fez o trabalho, pois do contrário nada do que foi feito terá valor.

Saravá o Povo do Encruzo.

***

Trabalho que deve ser feito quando os caminhos da pessoa estiverem fechados

Comprar uma garrafa de cachaça e uma vela branca. Num dia de sexta-feira, procurar uma rua ou estrada reta. Abrir a garrafa de cachaça, jogar um pouco cruzando, em seguida, jogar um pouco mais ao comprido no sentido da estrada; a seguir, por a garrafa em pé, acender a vela pondo-a ao lado da garrafa, fazendo a oferta ao Povo do Caminho, dizendo mais ou menos assim: "Povo do Caminho, eu vos ofereço esta pequena oferenda com toda a força do meu pensamento, pedindo-vos que abra os meus caminhos, que quebrem todas as barreiras que encontrar no meu caminho, me dando as forças necessárias para poder vencer, e prometo que logo que eu for atendido, pois certeza eu já tenho, aqui voltarei novamente para dar-vos um presente melhor". retirar-se, sem dar as costas para a oferenda, caminhando depois sem olhar para trás.

Nota: Evitar passar no local onde foi feito este trabalho pelo maior espaço de tempo possível para ter o efeito desejado, não deixando nunca de completar a oferenda depois de ser atendido, pois do contrário, perderá toda a ajuda obtida, e talvez mais alguma coisa.

Saravá o Povo do Caminho.

***

Trabalho oferecido a Maria Padilha da Encruzilhada para demandar com pessoa inimiga

Num dia de sexta-feira ir a uma Encruzilhada em forma de um "T", levando uma vela preta e vermelha, uma garrafa de cachaça, o nome escrito em um papel branco, contendo o nome completo da pessoa inimiga, sete cigarros de boa qualidade, uma caixa de fósforos e sete rosas vermelhas.

Chegando ao local escolhido primeiramente pedir licença, e em seguida, em um dos braços do local, arriar o despacho do modo seguinte: abrir a garrafa de cachaça, derramar um pouco em cruz, e salvar Maria Padilha, depois acender a vela preta e vermelha, colocando-a ao lado da garrafa de cachaça, em seguida acender os 7 cigarros, um após o outro, colocando-os em cima da caixa de fósforos, depois em forma de ferradura colocar as rosas vermelhas em volta do despacho.

Finalizando, pegar o papel onde está escrito o nome da pessoa indesejável enfiá-lo dentro da garrafa de chachaça, dizendo o seguinte: Maria Padilha do Encruzo, eu te ofereço este presente, em troca te peço que tome conta de Fulano (dizer o nome completo da pessoa inimiga), que o castigues, que o tires de meu caminho, e logo que for atendido aqui voltarei para agradecer com um presente melhor. Em seguida, pedir licença, dar sete passos para trás, indo embora.

Nota: As rosas, ao serem adquiridas, devem ser vermelhas e devem estar completamente abertas; a vela a ser comprada deve ser preta e vermelha, quanto ao papel com o nome da pessoa inimiga deve ser introduzido dentro da cachaça.

O Filho de Fé ao fazer o pedido pode acrescentar algo mais de acordo com a sua necessidade, e o dia a ser feito o trabalho deve ser sexta-feira, perto da hora grande (meia-noite). Quanto ao tipo de bebida a ser ofertada, deve-se saber se sua preferência é cachaça ou aniz pois este detalhe é de grande importância.

Saravá Maria Padilha do Encruzo.

***

Trabalho oferecido a Pomba Gira Cigana para quebrar uma demanda (trabalho de quimbanda)

Comprar com antecedência o seguinte material: um par de brincos de argola, tipo fantasia, um par de tamancos de madeira enfeitado, conhecido por nós como tamanco de pau, uma garrafa de aniz, uma toalha preta e vermelha, e se possível enfeitada com franjas e lantejoulas da mesma cor, 7, 14 ou 21 rosas vermelhas abertas, uma taça de vidro branco, sem uso (estado virgem), uma vela vermelha, um pente, um batom, um estojo de rouge, um maço de cigarros e uma caixa de fósforos.

Adquirido este material, em um dia de sexta-feira, perto da meia-noite (hora grande), ir a uma Encruzilhada em forma de "T", escolher um dos cantos e fazer a arriada da forma seguinte: chegando ao local escolhido, primeiramente esticar a toalha preta e vermelha, em seguida, abrir a garrafa de aniz, derramando um pouco em cruz fora da toalha, salvando Pomba Gira Cigana, depois encher a taça de aniz, depois acender a vela, pondo-a ao lado esquerdo fora da toalha, para que não queime; depois, acender um cigarro, pondo-o em cima da caixa de fósforos, que deve permanecer entreaberta com as pontas para o centro da oferenda, com o cigarro aceso em cima, em seguida arrumar os brincos e os tamancos de pau em cima da toalha, juntamente com o pente, o batom e o estojo de rouge. Tudo colocado em cima da toalha, finalizar arrumando as rosas vermelhas em torno da oferenda, em forma de ferradura, depois de terminar a arriada do despacho, dizer mais ou menos o seguinte:

Pomba Gira Cigana, eu te ofereço este presente, e te peço que quebre a demanda que e estou sofrendo, que seu mal seja cortado. Terminando, pedir licença, dando sete passos para trás e indo embora sem olhar para trás.

Nota: neste trabalho, a vela deve ser toda vermelha. O Filho de Fé, de acordo com suas posses, poderá enriquecer o despacho usando para isso do bom e do melhor, inclusive podendo juntar ao despacho, perfume, broches, enfim, adornos que uma mulher gosta de usar.
A Encruzilhada a ser usada, deve de preferência ser em forma "T". A garrada de aniz, pode ser substituída por champanhe.

Saravá Pomba Gira Cigana.

***

Trabalho para demandar com pessoa inimiga oferecido a Maria Padilha dos 7 Cruzeiros da Calunga.

Trabalho de Magia Negra

Em um dia de segunda-feira, ir a uma Encruzilhada em forma de um "T", levando uma garrafa de aniz, um copo virgem de cor branca, uma toalha preta e vermelha, sete velas brancas ou vermelhas, sete cigarros, sete caixas de fósforos e uma pomba toda preta, amarrada pelos pés, com três fitas, uma branca, outra preta e uma terceira vermelha.

Levar um papel branco, com o nome escrito da pessoa inimiga, devendo o mesmo ser completo e ir para a encruzilhada escolhida, perto da meia-noite (hora grande). Lá chegando, pedir licença e esticar a toalha em um dos cantos da Encruzilhada, abrir a garrafa de aniz, derramando em cruz do lado de fora da toalha, e em seguida encher o copo ao seu lado, depois, acender as velas pondo-as por fora da toalha, para que a mesma não queime, em seguida acender os cigarros, pondo-os cada qual em cima de sua caixa de fósforos, colocando-as em cima da toalha dizer o seguinte: Maria Padilha dos 7 Cruzeiros da Calunga, ponho o nome de Fulano (dizer o nome completo da pessoa) em baixo da garrafa desta bebida, e espero que tomes conta dele, que o tires de meus caminhos que o amarres de pés e mãos, que cada vez que ele pensar em me prejudicar leve o prejuízo de volta.

Em troca, te ofereço este presente, e em tua homenagem, solto esta pomba preta, pois ela te pertence, e espero ser atendido o mais rápido possível, pois assim aqui logo virei de volta para te agradecer. Neste instante, soltar a pomba preta, deixando-a ir para onde quiser, retirar-se dando sete passos para trás, indo embora.

Nota importante: Este trabalho só terá valor em dia de segunda-feira, de preferência à meia-noite. Quanto ao comprar a fazenda da toalha deverá ser em tamanhos iguais, preto, vermelho e branco, e no local do despacho devem ser armados um por cima do outro em forma de estrela. Quanto às velas, poderão ser todas vermelhas. A bebida é com certeza o aniz de sua inteira preferência. Não esquecer do detalhe do nome da pessoa inimiga, deve o mesmo ser escrito completo, e posto em baixo da garrafa.
E quanto à pomba, ao ser adquirida deve a mesma ser totalmente preta. Quanto à Encruzilhada, é de forma de um "T".

Este trabalho pode também ser arriado no cruzeiro do Cemitério, onde terá melhor êxito, onde mora Maria Padilha dos 7 Cruzeiros da Calunga.

Saravá Maria Padilha dos 7 Cruzeiros da Calunga.

A PERSONIFICAÇÃO DE EXU

POR OPHIS CHRISTUS

Ao descer por um beco em um barraco, uma senhora abre a porta da sua casa. Enquanto subo as escadas me deparo com um quarto escuro com algumas velas pretas e vermelhas acesas e algumas pessoas em seu interior.

Ali teria sido a primeira vez que me deparei com uma manifestação de Exu incorporado. A entidade naquele momento fazia duras críticas ao comportamento das pessoas que ali estavam.

Percebi que as pessoas quando se deparavam com Exu ou Pomba Gira viam a chance de fazer uma oferenda e esperar que Exu ou Pomba Gira lhe dessem o que pedissem, a maioria dos pedidos sempre eram coisas como um namorado(a), um carro, alguma quantia em dinheiro ou alguma vingança contra o ex namorado(a) ou sua amante (ou seu amante).

Quando eu olhava para Exu e Pomba Gira, eu os via através de um outro aspecto, eu não via ali primeiramente a chance de pedir algo tão banal, eu via ali a chance de extrair o conhecimento e os mistérios revelados para que eu pudesse assim estar na busca em personificar Exu.

Os anos passaram e o comportamento das pessoas continuam o mesmo. Vemos terreiros e seus membros usando suas redes sociais para postar desesperadamente fotos de seus carros, casa, dentre outras coisas, na ânsia de demonstrar como eles próspero com o objetivo de atribuir ali um presente de Exu, semelhante ao que os evangélicos fazem em relação a Jesus Cristo.

E se você for um leigo e questionar, então, "qual seria a diferença das promessas de um terreiro para as promessas de uma igreja evangélica atual?", você chegaria a conclusão de que apenas trocaram o nome de "Deus" para "Exu", mas que no final, as coisas seriam semelhantes.

Dentro da OVS nós trabalhamos com a Quimbanda e o nosso objetivo é personificar Exu para que possamos nos tornar a forma mais elevada da evolução humana.

As mudanças na vida que ocorrem dentro dos trabalhos não são baseadas na banalidade que nos levariam a ganhar o sentimento de ego e faria nos tornamos cada vez mais limitados e aprisionados, nós buscamos uma mudança alquímica, a Quimbanda em sua pura essência é uma jornada de autodescoberta e desenvolvimento que nos faz transmutar e evoluir e assim trazendo a este plano as manifestações diabólicas.

A jornada dentro da Quimbanda nos ensina a nos lapidarmos, as Entidades da Quimbanda demonstram não somente através de atos, mas também convocam àqueles que buscam seus ensinamentos a diluição das regras, ordens, leis, e a entrega total aos desejos que brotam no coração de forma misteriosa e intuitiva.

Estes caminhos representam os grandes mistérios da vida e mesmo se analisarmos Exu como um arquétipo, ele estará ligado ao nosso subconsciente e cada caminho que aprendemos com Exu tem uma experiência necessária para que possamos prosseguir a caminhada e sofrer a transmutação.

A caminhada dentro da Quimbanda é longa, mas ao fim da jornada nos tornamos um novo indivíduo, com a consciência desperta para o autoconhecimento. Quando o adepto chega ao fim da caminhada ele encontrará a morte, mas a morte de um certo nível de consciência e então ele renasce vendo o mundo através de um novo ângulo, uma nova dimensão. Então ele inicia a jornada mais uma vez...

O SATÃ

Satanás! Satanás

Che vuoi?

Não o sabes tu? Quero o amor, a riqueza, a ciência, o poder.

Como as crianças, as bruxas e os doidos - sem fazer nada para os conquistar.

O filosófico Tinhoso tem nesta grande cidade um ululante punhado de sacerdotes, e, como sempre que o seu nome aparece, arrasta consigo o galope da luxúria, a ânsia da volúpia e do crime, eu, que já o vira *Exu,* pavor dos negros feiticeiros, fui encontrá-lo poluindo os retábulos com o seu deboche, enquanto a teoria báquica dos depravados e das demoníacas estorcia-se no paroxismo da orgia... Satanás é como a flecha de Zenon, parece que partiu, mas está parado - e firme nos corações. Surgem os cultos, desaparecem as crenças, esmaga-se a sua recordação, mas, impalpável, o Espírito do Mal espalha pelo mundo a mordacidade de seu riso cínico e ressurge quando menos se espera no infinito poder da tentação.

Conheci alguns dos satanistas atuais na casa de Saião, o exótico herbanário da rua Larga de São Joaquim, o tal que tem à porta as armas da República. Saião é um doente. Atordoa-o a loucura sensual. Faceirando entre os molhos de ervas cuja propriedade quase sempre desconhece, o ambíguo homem discorre, com gestos megalômanos, das mortes e das curas que tem feito, dos seus amores e do assédio das mulheres em torno da sua graça. A conversa de Saião é um coleio de lesmas com urtigas. Quando fala cuspinhando, os olhitos atacados de satiríasis, tem a gente vontade de espancá-lo. A casa de Saião é, porém um centro de observação. Lá vão ter as cartomantes, os magos, os negros dos *ebôs,* as mulheres que partejam, todas as gamas do crime religioso, do sacerdócio lúgubre. Como, uma certa vez, uma negra estivesse a contar-me as propriedades misteriosas da cabeça do pavão, eu recordei que o pavão no Curdistão é venerado, é o pássaro maravilhoso, cuja cauda em leque reproduz o esquema secreto do deus único dos iniciados pagãos. O senhor conhece a magia? - fez a meu lado um homem esquálido, com as abas da sobrecasaca a adejar. Imediatamente Saião apresentou-nos.

- O Dr. Justino de Moura.

O homem abancou, olhando com desprezo para o erbanário, limpou a testa inundada de suor e murmurou liricamente.

- Oh! a Ásia! a Ásia...

Eu não conhecia a magia, a não ser algumas formas de satanismo. O Dr. Justino puxou mais o seu banco e conversamos. Dias depois estava relacionado com quatro ou cinco frustes, mais ou menos instruídos, que confessavam com descaro vícios horrendos. Justino, o mais esquisito e o mais sincero, guarda avaramente o dinheiro para comprar carneiros e chupar-lhes o sangue; outro rapaz magríssimo, que foi empregado dos Correios, satisfaz apetites mais inconfessáveis ainda, quase sempre cheirando a álcool; um outro moreno, de grandes bigodes, uma figura das praças, que se pode encontrar às horas mortas... Se de Satanás eles falavam muito, quando lhes pedia para assistir à missa-negra, os homens tomavam atitudes de romance e exigiam o pacto e a cumplicidade. A religião do Diabo sempre existiu entre nós, mais ou menos.

SATANISMO PT.1

JOÃO DO RIO

Nas crônicas documentativas dos satanistas atuais encontrei de *envoutement* e de malefícios, anteriores os feitiços dos negros e a Pedro I. A Europa do século XVII praticava a missa-negra e a missa-branca. É natural que algum feiticeiro fugido plantasse aqui a semente da adoração do mal. Os documentos - documentos esparsos sem concatenação que o Dr. Justino me mostrava de vez em quando - contam as evocações do Papa Aviano em 1745. Os avianistas deviam ser nesse tempo apenas clientes, como é hoje a maioria dos freqüentadores dos espíritas, dos magos e das cartomantes. No século passado o número dos fanáticos cresceu, o avianismo transformou-se, adaptando correntes estrangeiras. A princípio surgiram os paladistas, os luciferistas que admiravam Lúcifer, igual de Adonai, inicial do Bem e deus da Luz. Esses faziam uma franco-maçonaria, com um culto particular, que explicava a vida de Jesus dolorosamente. Guardam ainda os satanistas contemporâneos alguns nomes da confraria que insultava a Virgem com palavras estercorárias: - Eduardo de Campos, Hamilcar Figueiredo, Teopompo de Sonsa, Teixeira Werneck e outros, usando pseudônimos e compondo um rosário de nomes com significações ocultistas e simbólicas. Os paladistas não morreram de todo, antes se transfusaram em formas poéticas. No Paraná, onde há um movimento ocultista acentuado - como há todas as formas da crença, sendo o povo de poetas impressionáveis -, existem atualmente escritores luciferistas que estão *dans le train* dos processos da crença na Europa. A franco-maçonaria, morto o seu antigo chefe, um padre italiano Vitório Sengambo, fugido da Itália por crimes contra a moral, desapareceu. No Brasil não andam assim os apóstatas e, apesar do desejo de fortuna e de satisfações mundanas, é difícil se encontrar um caso de apostasia no clero brasileiro. Os luciferistas ficaram apenas curiosos relacionados com o supremo diretório de Charleston, onde partira o novo domínio do mundo e a sua descristialição.

Os satanistas ao contrário imperam, sendo como são mais modestos.

Sabem que Satã é o proscrito, o infame, o mal, o conspurcador, fazem apenas o catolicismo inverso, e são supersticiosos, depravados mentais, ou ignorantes apavorados das forças ocultas. O número de crentes convictos é curto; o número de crentes inconscientes é infinito.

Seria curioso, neste acordar do espiritualismo em que os filósofos materialistas são abandonados pelos místicos, ver como vive Satã, como goza saúde o Tentador. Nunca esse espírito interessante deixou de ser adorado. No início dos séculos, na idade-média, nos tempos modernos contemporaneamente, os cultos e os incultos veneram-no como a encarnação dos deuses pagãos, como o poder contrário à cata de almas, como o Renegado. As

almas das mulheres tremem ao ouvir-lhe o nome, as criações literárias fazem-no de idéias frias e brilhantes como floretes de aço, no tempo do romantismo o Sr. Diabo foi saliente. Hoje Satanás dirige as literaturas perversas, as pornografias, as filosofias avariadas, os misticismos perigosos, assusta a Igreja Católica, e cada homem, cada mulher, por momentos ao menos, tem o desejo de o chamar para ter amor, riqueza, ciência e poder. Bem dizem os padres: Satanás é o Tentador; bem o pintou Tintoreto na Tentação, bonito e loiro como um anjo... A nossa terra sofre cruelmente da crendice dos negros, agarra-se aos feiticeiros e faz a prosperidade das seitas desde que estabeleçam o milagre. Satanás faz milagres a troco de almas. Quem entre nós ainda não teve a esperança ingênua de falar ao Diabo, à meia-noite, mesmo acreditando em Deus e crendo na trapaça de Fausto? Quantos, por conselhos de magos falsos, em noites de trovoada, não se agitaram em lugares desertos à espera de ver surgir o Grande Rebelde? Há no ambiente uma predisposição para o satanismo, e como, segundo o Apocalipse, é talvez neste século que Satanás vai aparecer, o número dos satanistas autênticos, conhecedores da Cabala, dos fios imantados, prostituidores da missa, aumentou. Há hoje para mais de cinqüenta. Quarta-leira santa encontrei o Dr. Justino no Saião. O pobre estava mais pálido, mais magro e mais sujo, levando sempre o lenço à boca, como se sentisse gosto de sangue. Continua nas suas cenas de vampirismo? - sussurrei eu. Nos olhos do Dr. Justino uma luz de ódio brilhou. Infelizmente o senhor não sabe o que diz! Deu dois passos agitados, voltou-se, repetiu: infelizmente não sabe o que diz! O vampirismo! alguém sabe o que isto é? Não se faça de cético. Enquanto ri, a morte o envolve. Agora mesmo está sentado num molho de solanéas. Eu o deixara dizer, subitamente penalizado. Nunca o vira tão nervoso e com um cheiro tão pronunciado de álcool. Não ria muito. O vampirismo como a sua filosofia cooperam para a vitória definitiva de Satanás... Conhece o Diabo? A pergunta feita num *restaurant* bem iluminado seria engraçada. Naquele ambiente de herbanário, e na noite em que Jesus sofria, fez-me mal.

- Não. Também como o conhecer, sem o pacto?

- O pacto é conhecimento de causa.

Passeou febrilmente, olhando-me como a relutar com um desejo sinistro. Por fim agarrou-me o pulso.

- E se lhe mostrasse o Diabo, guardaria segredo?

- Guardaria! - murmurei.

- Então venha.

E bruscamente saímos para o luar fantástico da rua. Esta cena abriu-me de repente um mundo de horrores. O Dr. Justino, médico instruído, era simplesmente um louco. No bonde, aconchegando-se a mim, a estranha criatura disse o que estivera a fazer antes do nosso encontro. Fora beber o seu sanguezinho, ao escurecer, num açougue conhecido. Como todos os degenerados, abundou nos detalhes. Mandava sempre o carneiro antes; depois, quando as estrelas luziam, entrava no pátio, fazia uma incisão no pescoço do bicho e chupava, sorvia gulosamente todo o sangue, olhando os olhos vítreos do animal agonizante.

Não teria eu lido nunca o livro sobre o vampirismo, a possessão dos corpos? Pois o vampirismo era uma conseqüência fatal dessa legião de antigos deuses pagãos, os sátiros e os faunos, que Satanás atirava ao mundo com a forma de súcubos e incubos. O Dr. Justino era perseguido pelos incubos, não podia resistir, entregava-se...

Já não tinha espinha, já não podia respirar, já não podia mais e sentia-se varado pelos símbolos fecundos dos incubos como as feiticeiras em êxtase, nos grandes dias de *sabbat*.

Sacudi a cabeça como quem faz um supremo esforço para não soçobrar também.

O cidadão com quem falava era um doido atacado do solitário vício astral! Ele, entretanto, febril, continuava a descrever o poder de Satã sobre os cadáveres, a legião que acompanhou o Supremo e o inebriamento sabático.

- Mas, doutor, compreendamos. O *sabbat* em plena cidade? As feiticeiras de Shakespeare no Engenho Novo?

Satã continua cultuado, por mais que o mundo se transforme. O *sabbat* já se fez até nos telhados. Os gatos e os morcegos, animais de Satã, vivem entre as telhas.

Lembrei-me de um caso de loucura, um estudante que recebia o diabo pelos telhados, e morrera furioso. Não me pareceu de todo falso. O *sabbat*, porém, o *sabbat* clássico, a festa horrenda da noite, o delírio nos bosques em que as árvores parecem demônios, a ronda detestável das mulheres nuas, subindo aos montes, descendo as montanhas, a fúria necrófila que desenterrava cadáveres e bebia álcool com sangue extinguiu-se. A antiga orgia, a comunicação imunda com o Diabo não passa de contos de demonógrafos, de fantasias de curiosos. Satã vive hoje em casa como qualquer burguês. Esse cavalheiro poderoso, o Tinhoso, não vai mais para trás das ermidas oficiar, as fúrias desnudas não espremem mais o suco da vida, rolando nas pedras, sob a ventania do cio. Todo o mal que a Deus fazem é em casa, nos deboches e na prostituição da missa.

E que vida a deles! Agora que o bonde passava pelo canal do Mangue e a lua batia na coma das palmeiras, o pobre homem, tremendo, contava-me as suas noites de agonia. Sim, o Dr. Justino temia os lêmures e as larvas, dormia com uma navalha debaixo do travesseiro, a navalha do Cambucá, um assassino que morrera de um tiro. As larvas são fragmentos de idéias, embriões de cóleras e ódios, restos de raivas danadas que sobem do sangue dos criminosos e do sangue regular das esposas e virgens aos astros para

envolver as criaturas, são os desesperos que se transformam em touros e elefantes, são os animais da luxúria. E esses animais esmagavam-no, preparando-o para o grande escândalo dos incubos.

Mas certamente, fiz para acalmá-lo, Satã, desde que se faz com o inferno um pacto e uma aliança com a morte, dá o supremo poder de magia, o quebranto, a bruxaria, o malefício, o envolver das vontades...

Ele sorriu tristemente, tiritando de febre. A magia está muito decaída, eivada de costumes africanos e misturadas de pagés. Conhece o malefício do ódio, a boneca de cera virgem? Esmagava-se a cera, modelava-se um boneco parecido com o odiado, com um dente, unhas e cabelos seus. Depois vestiam-lhe as roupas da pessoa e no batismo dava-se-lhe o seu próprio nome. Por sobre a boneca o mago estendia uma corda com um nó, símbolo da sua resolução e exclamava: - *Arator, Lepidator, Tentador, Soniator, Ductor, Comestos, Devorator, Seductor,* companheiros da destruição e do ódio, semeadores da discórdia que agitam livremente os maléficos, peço-vos e conjuro-vos que admitais e consagreis esta imagem...

- E a cera morna...

Animado do seu ódio, o mago dominava as partículas fluídicas do odiado, e praguejando acabava atirando a boneca ao fogo, depois de trespassá-la com uma faca. Nessa ocasião o odiado morria.

- E o choque de volta?

Quando o enfeitiçado percebia, em lugar de consentir nas perturbações profundas do seu ser, aproveitava os fluídos contra o assassino e havia conflagração.

O mágico, porém, podia envenenar o dente da pessoa, distender-se no éter e ir tocá-la.

Havia ainda o *envoutement* retangular...

Hoje, os feiticeiros são negros, os fluídos de uma raça inferior destinados a um domínio rápido. Os malefícios satânicos estão inundados de azeite-de-dendê e de ervas de caboclos.

Então, encostado a mim, com mau hábito, enquanto o bonde corria, o Dr. Justino deu-me várias receitas. Como se estuda nesse receituário macabro o temor de várias raças, desde os ciganos boêmios até os brancos assustadiços! O sangue é o seu grande fator: cada feitiço é um misto de imundície e de infâmia. Para possuir, para amar, para vencer, os satanistas usam, além das receitas da clavícula, de morcegos, porcos-da-índia, pós, ervas, sangue mensal das mulheres, ratos brancos, produto de espasmos, camundongos, rabos de gatos, moedas de ouro, fluidos, carnes, bolos de farinha com óleos, e para abrir uma chaga empregam, por exemplo, o ácido sulfúrico...

Com o poder do Horrendo, fez subitamente o médico numa nova crise, é lá possível temer esse idiota que morreu na cruz? Sabe que os talmudistas negam a ressurreição?

Levantou-se titubeante, saltamos. O bonde desapareceu. Embaixo, no leito do caminho de ferro, os *rails* de aço branquejavam, e, no ar, morcegos faziam curvas sinistras. O Dr. Justino ardia em febre. De repente ergueu os pulsos.

Impostor! Torpe! Salafrário! - ganiu aos céus estrelados.

- Onde vamos?

- À missa-negra...

- Onde?

- Ali.

- Estendeu a mão, veio-lhe um vômito, emborcou no meu braço que o amparava, golfando num estertor pedaços de sangue coagulado.

Ao longe ouviu-se o silvo da locomotiva.

Então, como possuído do Diabo nos braços eu bati à porta dos satanistas, ouvindo a sua desgraçada vida e a dor infindável da morte.

A MISSA-NEGRA

Atravessamos uma aléia de sapucaias. O terreno enlameado pegava na sola dos sapatos. Justino ia à frente, com um preto que assobiava, dois cães sujos e magros. Por entre os canteiros incultos crescia a erva daninha, e os troncos das árvores, molhados de luar, pareciam curvar-se.

- Entramos no inferno?

- Vamos ao *sabbat* moderno.

Tínhamos chegado ao velho prédio, que emergia da sombra. O negro empurrou a porta e todos três, misteriosamente, penetramos numa saleta quase escura, onde não havia ninguém. Justino lavou as mãos, respirou forte e, abrindo uma outra porta, sussurrou:
- Entre.

Dei numa vasta sala cheia de gente. Candeeiros de querosene com refletores de folha pregados às paredes pareciam uma fileira de olhos, de focos de locomotiva golpeando as trevas numa pertinaz interrogação. A atmosfera, impregnada de cheiros maus de pó de arroz e de suor, sufocava. Encostei-me ao portal indeciso. Remexia e gania entre aquelas quatro paredes o mundo estercorário do Rio. Velhos viciados à procura de emoções novas, fufias histéricas e ninfomaníacas, mulatas perdidas, a ralé da prostituição, tipos ambíguos de calças largas e meneios de quadris, caras lívidas de *rôdeurs* das praças, homens desbriados, toda essa massa heteróclita cacarejava impaciente para que começasse a orgia.

Os velhos tinham olhares cúpidos, melosos, os tipos dúbios tratavam-se entre si de comadres, com as faces pintadas, e a um canto o empregado dos Correios, esticando o pescoço depenado de condor, fixava na penumbra a presa futura. Não era uma religião; era um começo de saturnal.

Senti que me tocavam no braço. Voltei-me. Era um poeta muito vermelho, que cultivara outrora, numa revista de arte, o satanismo literário. Desequilibrado, matóide, o Carolino estava ali em parada íntima de perversão poética.

Também tu? - fez apertando-me a mão entre as suas viscosas de suor. Curioso, hein? Mas palhaçada, filho, palhaçada. É a segunda a que eu assisto. Uma missa-negra de jornal de Paris com ilustrações ao vivo... Imagina que nem há padres. O oficiante é o degenerado que anda à noite pelas praças.

- E as hóstias?

As hóstias, essas ao menos são autênticas, roubadas às igrejas. Dizem até... - esticou-se, colocou a boca ao meu ouvido como quem vai fazer uma espantosa revelação: - dizem até que há um sacristão na cidade a mercadejá-las. É para quem quer... hóstias a dez tostões. É boa!

- Mas que diferença, meu caro, da missa antiga, da verdadeira!

- Não se mata ninguém?

- É lá possível! E a polícia? Já não estamos no tempo de Gilles de Rais nem de Montespan... Bom tempo esse!

Pousou os dedos no peito, revirou os olhos saudosos. Era como se tivesse

tido relações pessoais com o Gilles e a Montespan.

A turba entretanto continuava a piar. Todas as janelas fechadas faziam da sala um forno. Carolino encostou-se também e deu-me informações curiosas. Estava vendo eu uma rapariga loura, com uma fístula no queixo e óculos azuis? Era uma *troteuse* da praça Tiradentes. Certo homem pálido, que corcovava abanando-se, era artista peladanista, outro gordo e flácido fazia milagres e intitulava-se membro da Sociedade de Estudos Psíquicos. Havia de tudo... Uma senhora, vestida de negro, passou por nós grave, como cansada.

- E esta?

- É a princesa... Uma mulher original, estranha, que já adorou o fogo...

- Mas você está fazendo romance. Isso é literatura.

Tudo é literatura! A literatura é o mirífico agente do vício. Porque estou eu aqui? A literatura, Huysmans, o cônego Doere do *Là-Bas,* os livros enervadores. Os que arranjaram estas cenas, o rapaz dos Correios, o Justino, o Bode...

- O Bode?

- É o nome satânico do sacerdote... tem o cérebro como um sanduíche de literatura.

Mas o resto, estas quarenta pessoas que eu vejo, tenho a certeza de ver e que encontrarei talvez amanhã nas ruas?

Em ruas más... São depravados, pervertidos, doentes, endemoinhados! Satã, meu amigo, Satã, que os padres arrancam dos corpos das mulheres no Rio de Janeiro, a varadas.

- É sempre o melhor meio.

O único eficaz - mas que nos tira a ilusão e a fantasia... Confesse. É um gozo a descida ao abismo da

perdição como Deus do Mal, este banho de gosma em que, de irreais as cenas, não as acreditam os nossos olhos, ao vê-las, nem os nossos ouvidos ouvindo-as. Começa a cerimônia... Entremos. Só falta aqui o falecido coronel...

Abrira-se uma porta, a da casa de jantar, e a crápula entrava aos encontrões dando-se beliscões, com o olhar guloso e devasso. Entramos também.

Como era razoável a desilusão de Carolino! A missa-negra a que eu assisti, era uma paródia carnavalesca e sádica, uma mistura de várias missas com invenções pessoais do sacerdote. Havia frases do ofício da Observância, trechos sacrílegos do abade Guibourg, a missa de Vintras, esse doido formidável, aparatos copiados aos Ansanés da Síria e um desmedido deboche, o deboche do teatro São Pedro em noite de carnaval, se à polícia não contivesse o desejo e as portas se fechassem. Carolino tinha razão.

O erotismo ambicioso de outrora devia ser mais interessante. Guibourg aspergindo de água benta o corpo nu da Montespan deitada nos evangelhos dos reis, os pombos queimados, a paixão de Nossa Senhora lida com os pés dentro de água, o cibório cheio de sangue inocente no centro das sensações, tinham um fim. A missa de Ezequiel, o ofício supremo em que, além de Satã, aparecem Belzebu, Astarob, Asmodeu, Belial, Moloch e Baal-Phagor, era religiosamente terrível. A que os meus olhos viam, não passava de fantasia de debochadas e histéricas necessitando do rifle policial e do chicote.

A casa de jantar estava transformada numa capela. Ao fundo levantava-se o altar-mor, ladeado de um pavão empalhado com a cauda aberta - o pavão simbólico do Vício Triunfal. Nos quatro cantos do teto, morcegos, deitados em corações de papelão vermelho, pareciam assustados. Panos pretos com cruzes de prata voltadas cobriam as janelas e as portas.

Do altar-mor, que tinha três degraus cobertos por um pelego encarnado, descia, abrindo em forma de leque, um duplo renque de castiçais altos, sustentando tochas acesas de cera vermelha. Era essa toda a luz da sala. O bando tomou posições. Alguns riam; outros, porém, tinham as faces pálidas, olheirentas, dos apavorados. Nós, eu e o poeta, ficamos no fim. Um silêncio caiu. Do alto, pregado a cruz tosca, uma escultura infame pretendia representar Cristo, o doce Jesus! Era um boneco torpe, de bigodes retorcidos, totalmente excitado, que olhava os fiéis com um olhar trocista e o beicinho revirado.

- É horrendo. Se estamos na casa do horrendo! Guarde a sua emoção. Tudo isso é religião. O mesmo fazem com Iscariote no sábado de Aleluia os meninos católicos.

Guardei. Vinham aparecendo aos saltinhos, num andar de marrecos presos, quatro sacristãos com as sotainas em cima da pele. Esses efebos diabólicos, de faces carminadas e sorrizinhos equívocos, passeavam pela sala como *ménagêres* preocupadas com um jantar de cerimônia, dando a última de mão à mesa. Depois surgiu um negrinho de batina amarela, com os pés nus, e as unhas pintadas de ouro. Trazia os braseiros para o incenso e quando passava pelos homens erguia devagar o balandrau cor de enxofre. A princesa, adoradora do fogo, olhou-o com gula e ia talvez falar, quando apareceu o sacerdote acompanhado de um outro sacristão exótico. À luz dos círios que estalidavam, nessa luz vacilante e agônica, o mulato era teatral. Alto, grosso, com o bigode trincado, as olheiras papudas, os beiços sensuais pendentes, fez a aparição de capa encarnada e báculo de prata, com os símbolos de Shiva potente.

- Esse homem é doido?

Um sádico inteligente. Tem como prazer único o crime de um príncipe que há um ano agitou a moral arquiduvidosa de Londres... Ainda não conversou com ele? Muito interessante. Há tempos inventou a divina junção dos sexos num tipo único, o andrógino satânico. É admirável...

- A literatura! - fiz.

- O Mal! retrucou o poeta cínico, e apontou o Dr. Justino.

- O pobre médico encostado a uma das cruzes batia palmas clamando.

- Satanás! Satanás! Nosso Senhor! Acode!

- O sacerdote virou-se. A cauda estrelada de um pavão cobria-lhe o peito da túnica.

Curvou-se, juntou as mãos, e a paródia da missa católica começou, em latim, mudando apenas Deus pelo Diabo. Era tal qual, curvaturas, gestos, toques de campainha, resposta de sacristãos, tudo. De repente, porém, o homem desceu os três degraus, Os sacristãos surgiram com turíbulos enormes, e ele,

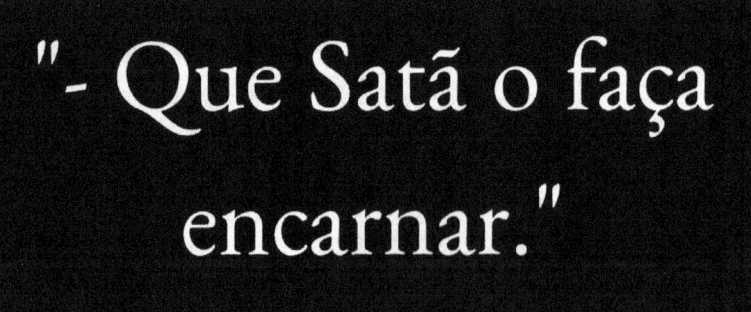

"- Que Satã o faça encarnar."

despregando a casula surgiu inteiramente nu, com o cavanhaque revidado, a mão na anca, cruel como o próprio Rebelde. As mulheres, os pequenos equívocos, o ocultista arrancaram as roupas, rasgaram-se enquanto o seu dorso reluzente e suado curvava-se diante dos incensos. Depois de novo, com uma voz do metal bradou:

Senhor! Satã! Glória da terra! Tu que aclaras os pobres homens, Fonte de ouro, misterioso Guarda das criptas e dos antros; Tu que moras na terra onde o ouro vive; Causa dos pecados; Amparo da carne; Delírio único; Fim da vida; - deixa que te adoremos! Não te exterminaram as sotainas baratas, não te perdeu o Outro, não se acabará nunca o teu poderoso império, ó Lógica da Existência! Satanás, estás em toda a parte, és o Desejo, a Razão de Ser, o Espasmo!

Ouve-nos, aparece, impera! Não vês na cruz o larápio que roubou a tua lábia e o teu saber?

- Deus! - murmurei.

- Guarde a sua emoção, meu amigo. É do rito. Eles dizem que Jesus foi a princípio, de Lúcifer.

É preciso encarnar o mágico

- continuava o homem - neste pedaço de pão; é preciso magoá-lo, fazê-lo sofrer, mostrar-lhe que és único, impassível e admirável. Que seria da humanidade se não fosse o teu Auxílio, ó Portador dos gozos, ó Desmascarador das hipocrisias? Todo o mundo soluça o teu Nome, a Pérsia, a Caldeia, o Egito, a Grécia, a Roma dos roubadores da tua Pompa. Olha pelo mundo a vitória, os filósofos, os sábios, os médicos, as mulheres.

Os filósofos desviam o amor do Outro, os sábios alugam a crença, os médicos arrancam dos ventres a maternidade, fazem as assexuadas delirantes, esmagam as crianças, as mulheres escorrem a lascívia e o ouro!

Nós todos prostrados adoramos-te, diante do impostor, do mentiroso, desse que aconselha a renunciar à Carne! Que venha o dinheiro, que venha a Carne! que se esmague os seios das mulheres e se lhes crave o punhal da luxúria em frente ao impostor... Jesus há de descer à hóstia; tu queres!

Deixou cair o braço. Na face dos erotômanos a loucura punha ritos de angústia.

O sacerdote espumava, e a fumaça dos incensários de tão espessa parecia envolver-lhe a indecorosa nudez numa clamide de cinza, estrelada de círios. Ó Rei poderoso das satisfações, os que te acreditam, abandonam as cobardias da vergonha, as pregas do pavor e a estupidez da resignação. Envia-nos Astaroh, dá-nos o amor, faze-nos gozar o prazer, faze-nos.

Um palavrão silvou, sagrado como a Bíblia. Houve um complexo de urros e guinchos.

Amém! - cacarejavam os pequenos.

Tu que és o Vício Amplo, ajuda-nos a violar o Nazareno para a glória imensa.

Outro palavrão estalou. Metade do grupo não compreendia o *galimatias* blasfemo, mas as frases indignas eram como varadas acendendo a lubricidade, e a gentalha então, como o gesto lúbrico dos macacos, cuspinhava impropérios.

O sacerdote não descansou. Atirada a palavra, trepou os degraus, colocou uma mitra imoral no crânio, e, estendendo entre os dedos uma hóstia branca de neve, encostou-se ao altar vacilante.

- Que vai ele fazer?

- Vai ao sinistro banal...

Que Deus seria esse? Ia perguntar ao poeta, mas não tive tempo. Um dos sacristãos trepara ao altar, com o cálice na mão. Como coroado pelos pés do Cristo, o pequeno com tremores pelo corpo, tiques bruscos, garrões de nervos, o olhar embaciado sujeitava-se à estripação do batismo da hóstia, e enquanto o braço do sacerdote num movimento cruel sacudia-o, a sua voz ia dizendo:

- Que Satã o faça encarnar.

De repente o braço estacou. O pequeno tombara babando. Houve então a apoteose. Com a hóstia poluída, o homem nu desceu gritando; os braseiros caíram por terra, os homens ambíguos com gargalhadas infames rolavam; mulheres estrábicas trepavam pelo altar de quatro pés, querendo comer as migalhas da hóstia úmida. A rapariga de óculos azuis com os cabelos presos a um círio estendia o corpo convulsionado; o ocultista gordo gania, em torno do malandro nu, o *sacerdos;* uma teoria de sátiros e fúrias hidrófobas mastigava enojada os pedaços de hóstia que o rapaz de pescoço de condor cuspinhara. A fumaça dos círios sufocava, alguns castiçais tinham caído.

- Hein? - fez o poeta, por *pose*. Mas tinha os olhos injetados e tremia.

Então, agarrei-o, passamos à sala em que os corpos "redemoinhavam" promiscuamente no mais formidável dos deboches entre os círios tombados. Dois sinetas puxaram-no. Claudino amparou-o no pedestal do pavão, o Vício Triunfal rolou. Demos na sala dos refletores, desesperados. A sala parecia na sua solidão uma *gare* de crime deserta. Entramos na outra em que Justino rolava num canapé sob a pressão de incubos suficientes e reais. O negro abriu meia porta:

- Não querem a água maldita?

- Não.

- V. S. vai assustado. Não diga nada, meu senhor. Deus lá em cima é que lhes dá esse castigo.

Deixei-o falar, deitei a correr como um doido, na noite enluarada. Ouro, prostituição, infâmia, canalhice, sacrilégio, vergonha! Mas que é tudo isso diante da castidade imaculada dos elementos? Dos altos céus imensos que as estrelas cravejam de glória, a lua derramava por sobre a calma da noite um manto inconsútil de cristal e ouro, e a terra inteira, cheia de paz e doçura, abria em perfume sob o sudário de luz, infinitamente casta...E foi como se, arrancado ao inferno de um pesadelo lôbrego de nojo e perversão, eu voltasse à realidade misericordiosa de bondade da vida.

Templo de Kimbanda Malei Maria Padilha e Exu Rei das 7 Encruzilhadas

Atendimento com os Exus, consulta com oráculo de ossos e iniciações na Kimbanda

Contato:
Tunda Dya Mpemba (11) 952145668
Mameto Kianga kilumino (11) 958488101

VOODOO

Secto makaya / kongo-Mississipi
Por Dudu Asnarium

O Voodoo é multicultural e pluriversal. A amplitude do Voodoo é de tal forma que pode ser visto como religião para alguns seguidores e também como culto e/ou filosofia de vida. No sentido de culto o Voodoo é menos dogmático e tem maior ênfase ritual e cerimonial, além de dispor de fundamento politeísta no qual a crença se baseia em diversos deuses ou espíritos divinos. No curso religioso o Voodoo carrega uma disposição dogmática e se fundamenta como religião monoteísta com crença em Bondye enquanto os espíritos funcionam como auxiliares de Bondye.

O Voodoo como culto entende que os espíritos é que controlam os eventos e Bondye não interfere em nada, sendo responsável apenas pela criação da terra. É desta maneira que o Voodoo se apresenta como pluriversal. Consegue atuar como culto de feitiçaria e também como religião de louvor, cânticos e bênçãos.

Dentro da filosofia Voodoo não se usa a dicotomia de bem e mal. Existem as linhagens de culto, sendo culto Rhada (Rada), Petwo (petro) ou Guedeh (Gede). O culto rhada se torna o sentido de direita do culto, enquanto petro é o sentido de esquerda do culto. O rito ghede é um rito em respeito a morte e honra aos antepassados.

O Voodoo carrega uma vasta cultura que envolve costumes da África Central, Europa e sul dos Estados Unidos. Os principais locais de base e origem de culto são o Kongo, Benim, França e Mississipi.

Existem no mundo religiões populares, familiares e políticas. O Voodoo Makaya é um culto de cunho familiar e grande referência aos ancestrais negros.

No Brasil é um culto raro e familiar, cheio de mistérios, fundamentos e tradições. Em território brasileiro o Voodoo não se ampara em sincretismo e portanto não utiliza santos ou relação com a ideologia romana. Os deuses do Voodoo são chamados de mistérios Voodoo ou Spirit Voodoo. Os lwas (loas) em sua profunda significância são as leis Voodoo. Estas leis espirituais é que regulam a atuação dos espíritos e divindades Voodoo.

Os lwas Voodoo ou leis Voodoo são classificadas em dezoito, sendo elas Ogoun, Agwe, Azaka, Sobo, Sirene, Freda, Dantor, Marassa, kalfou, Damballah, Aiyda, Aiyzan, Simbi Makaya, Loko, Marinnette, Samedi, Brighitte, Ghedei.

Os rituais Voodoo podem ser feitos por um iniciante desde que orientado, a iniciação é proferida em três níveis. O primeiro nível de iniciação é aberto ao público em geral para benefícios diversos como aliviar dores, criar melhor conexão espiritual, eliminar vícios, potencializar dons, eliminar eventos de negatividade, entre outros. Os dois níveis subsequentes de iniciação são eletivos para pessoas com funções ou necessidades específicas. Só devem ser iniciado no segundo e terceiro nível com justificativa oracular ou apontamento espiritual.

O voodoo makaya atende ao ser humano por toda sua faixa etária. As crianças conseguem ser beneficiadas pelo ritual das frutas que estimula o sentido do olfato, paladar, tato e visão. O ritual dos marassa ajuda a criança aprender a servir e compartilhar. Além disso o Voodoo ensina educação espiritual, herança espiritual e familiar, função social, línguas, histórias, proteção e disciplina. Os adultos são beneficiados com rituais de prevenção, correção ou súplica. Os idosos são favorecidos com os rituais de manutenção de vida de Damballah. O Voodoo como feitiçaria atua com espíritos chamados djabs ou demônios.

A prática para esses djabs depende da administração da casa de Voodoo. O Voodoo como feitiçaria ajuda diversas pessoas através de feitiços de amarração amorosa, união, casamento, separação, brigas, limpeza espirituais, empregos, vendas, proteção e outros objetivos do ser humano. No campo de religião o Voodoo ajuda as pessoas no processo de autoconhecimento, busca espiritual, reconhecimento divino, saúde mental, relação espiritual, incorporação, manifestação, desenvolvimento humano e transformação do ser.

BONECOS NA FEITIÇARIA

Por Sério Olens

O uso de bonecos na feitiçaria é uma arte muito antiga e bem conhecida no pensamento popular. Quando se pensa em feitiços realizados com bonecos, logo vem à mente os feitiços de amarração amorosa e um boneco feito de pano ou cera com os famosos alfinetes ou até agulhas para espeta-los a fim de que os efeitos sejam causados no alvo, a pessoa a qual o boneco representa. Porém, o uso desse tipo de magia vai muito além disso.

Utilizados nos sistemas mágicos de diversos povos e civilizações como os Egípcios e Gregos, o uso de bonecos como representação de divindades em cerimônias é muito antigo. São bem conhecidos na feitiçaria africana, europeia, cigana e em algumas práticas de magia dos cultos afro-brasileiros. Essa arte que mais se popularizou foi dentro da magia Vodu vinda do Haiti que utiliza bonecos para várias finalidades e não somente o mal como a maioria pensa.

O uso de bonecos ou bonecas pode ser para muitos fins como representar uma pessoa que se queira atingir para o mal, curar uma doença ou encantar amorosamente; representar uma divindade, também como amuleto ou talismã. Pode-se dizer que esta arte utiliza o princípio da Magia Simpática tão antiga encontrada nas pinturas rupestres das cavernas antigas obedecendo a Lei da Semelhança.

Material e Confecção

O indivíduo que pratica magia muitas vezes necessita utilizar algo físico como representação para atingir o seu desejo, e é por isso que a magia feita como bonecos requer uma boa capacidade de concentração e visualização uma vez que apesar de se terem os itens necessários para vincular o boneco com a finalidade desejada precisa-se ter foco para que a intenção não se disperse e que seja direcionada a energia necessária.

Em geral os bonecos para magia mais comuns são feitos com pano nas cores mais tradicionais como vermelho, preto ou branco (alguns usam a cor de acordo com a finalidade) ou argila, mas pode ser de cera, palha e em alguns casos até papel. A forma, a conjura e o simbolismo são o que dão poder ao boneco e além de todo o seu preparo.

Primeiramente todos os itens devem ser limpos energeticamente. O ideal é que se tenha uma agulha utilizada somente para tão finalidade e que se corte um molde e em seguida começa a preparação dando-lhe forma onde são adicionados elementos que irão preencher o boneco de acordo com sua finalidade. Dentre os itens de preenchimento temos penas, ervas, cascas, símbolos, objetos pessoais, nomes sagrados, entre muitos outros elementos.

Após esta etapa, deve-se consagra-lo dedicando o boneco a uma finalidade e inclusive batizando ele para que de fato represe a energia que se deseja atingir. Este momento obedece ao sistema de magia que o feiticeiro ou mago utiliza. Em alguns sistemas é utilizado sacrifício animal pelo grande poder vital que o sangue possui, em outros não.

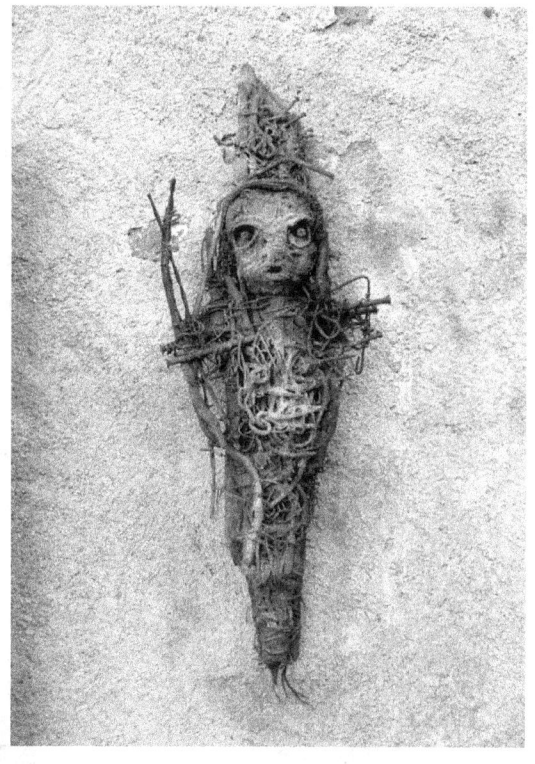

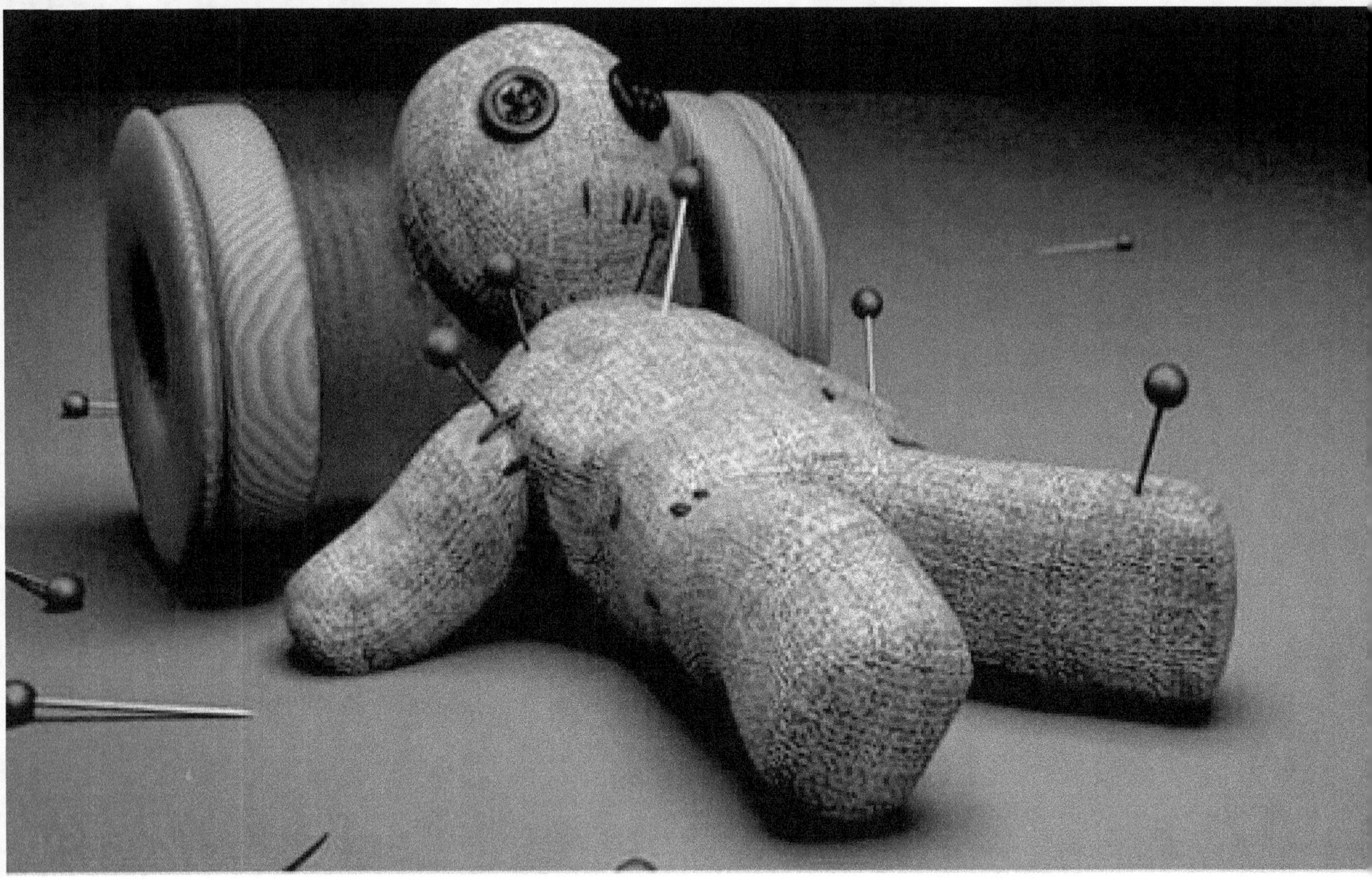

O uso das agulhas e alfinetes ao contrario do que se pensa, são para potencializar um pedido ou comando. Quando se espeta determinadas partes do boneco se ativa o comando e libera o poder. Em alguns casos também se espeta com a finalidade de dar um comando que cause um efeito. Por exemplo, a cabeça para atingir os pensamentos, o coração para atingir os sentimentos, órgãos sexuais e etc.

AS SPIRIT DOLLS

Hoje os bonecos bastante conhecidos e popularizados na Bruxaria são as Spirit Dolls, bonecas receptáculos que armazenam e concentram uma energia a ser manipulada.

As Spirit Dolls são bonecas que possuem um corpo preparado para abrigar um espírito normalmente criado pelo feiticeiro através da forma pensamento ou até quando se evoca outros seres sobrenaturais. Estas são criadas e invocadas para várias finalidades e presenteadas quando cumprem sua tarefa. Podem ser usadas para proteção cheias de símbolos pendurados; e as bonecas divinas que são utilizadas para representar uma Deusa por exemplo.

No Brasil devido ao uso da magia popular, se tornou comum o uso de partes do corpo feitas de cera, e os bonecos são encontrados nesta prática sendo comum antigamente nas magas afro-brasileiras.

Fetiche é o nome que se dá a atribuição de poderes a determinados objetos, e os bonecos e dolls entram nesta categoria de magia. É uma arte que deve ser manipulada com cuidado sabendo bem com o que deseja abrigar em seu receptáculo.

Sérgio Olens

Mago, Tarólogo e Terapeuta Integrativo. Pesquisador de Ocultismo e Práticas Ancestrais. Ministra cursos de Baralho Cigano, Tarot, Baralho de Maria Padilha, Oráculo de Cristais e Técnicas de Magia Natural.
Atende diariamente com oráculos (on line ou presencial). Eventos com Leitura na Borra de Café e Quiromancia. Palestras, Cursos e Workshops.
Contatos: (21) 98386-3403 e-mail: sergioolens@gmail.com

SPIRITVAL

TO THE DEVIL TO THE DEATH

Trabalho aos leais seguidores da senda mortífera.

No qual mantém-se o objetivo de um trabalho leal para Hordas realmente ligadas ao outro lado e a mvsik negra extrema.

Partindo de toda parte gráfica e visual, como:
- Flyers
- Logotipos;
- Artwork
- Diagramação de Livros
- Encartes (CD'S, K7 e VINYL)
- Fotografia (Eventos, Hordas e Ritvais);

ABISSVS ACHTOMBS

:camera: SPIRITVAL_ART    (11)95029-5308

Brazilian Gnostic Order

A CRUZ DA

No iluminar do século XXI me deparei em meio a bruxaria brasileira onde até então para ser bruxo deveríamos adorar a Grande Deusa Mãe e sermos Matrifocais. Deveríamos cultuar Deuses Celtas ou Gregos e celebrarmos a diversidade de crenças e magia da Europa, para ser aceito como parte de uma "Elite Pagã Nacional". Como não aceitei por muito tempo esta visão errônea, foi logo eleito "persona non grata" no meio da Bruxaria e Paganismo Brasileiro.

A curiosidade, mãe de todas as desgraças, logo me levou a um estágio contínuo de questionamento pessoal sobre a necessidade de se preservar e reconstruir o agregado cultural da crença européia! Percebi que estava em um momento sério, porém áspero e camuflado, onde supostamente era candidato a conhecedor dos mistérios mais profundos do meu ser.

A primeira questão era óbvia: por que depois de sair de um dogma de rebanho estou lutando para fazer parte de um novo dogma, buscando de uma outra maneira ser aceito como membro de uma novo grupo que luta pra reconstruir agregado cultural de uma crença européia?...A constatação era óbvia, havia mais uma vez me enganado e me afastado da verdade. Foi ai que um coroado infernal insuflou seu veneno dentro de mim:

"Menino porquê procura se afastar da solidão? A Solidão é a tua capa! Com ela você poderá ver que em verdade só existem dois graus: o de estudante e o de praticante da arte, e estes não são antagônicos, mas sim complementares um ao outro!"

Toda minha dedicação de tempo e dinheiro com viagens, compra de livros, iniciações, estudos, práticas, visando aprender a Magia Natural, Feitiçaria Medieval, Feitiçaria Colonial e Pragmática, me debrucei com afinco ao estudo da verdadeira Bruxaria Antiga, por vias sérias de antropologia, história, mitologia comparada, ciência da religião, filosofia, línguas, etc... Seriam apenas para preservar um legado de culturas antigas da Europa? ... Sem nenhum objetivo maior? Meus questionamentos mesmo sem voz novamente chegaram ao Rei:

"Então é assim que se aprende sobre as origens e história da Bruxaria, essa é a base real? Me perguntou o Exu Rei! E eu por não aceitar a história, não sou Bruxo, devo ser qualificado como o que? ...
Deixa eu ver: Macumbeiro, Juremeiro, Catimbozeiro, Mandingueiro...Não!!! Isso não é coisa de Rei!!! Que adjetivos mas pejorativos...EU ADORO TODOS ELES, pois pelo menos preservam algo do meu sangue, terra e legado real...
Menino você não pode mais ser tão ingênuo ao ponto de acreditar que esse era um segredo passado de geração, em boca a ouvido e que esse foi o motivo da perseguição chamada heresia das feiticeiras idade media!!!

Deixa EU te falar uma verdade: A Bruxaria é um meio de atingir uma "Mutação", um conhecimento que nos transporta além dos limites estabelecidos pela moral, portanto, sempre será uma heresia, quer seja contra o sistema dominante ou ao sistema de verdades estabelecido..."

A esta altura os confrades e consóror devem estar se perguntando, mais que raio de loucura é esta que este menino esta falando? A onde a Kimbanda Brasileira entra nisso tudo e o qual seria a ligação da Kimbanda com a Bruxaria Tradicional? A resposta não é outra, senão o fato de que tanto na Kimbanda quanto na Bruxaria Tradicional você aprende que ao realizar a magia ou feitiço, você muda a realidade ao seu redor, e ao fazer isso deve ter o lampejo ou a faísca do martelo que toca a bigorna (mente), e do raio que toca a terra (seu corpo), assim você compreende que se você pode mudar a realidade toda ao redor, você deve também mudar seu interior de dentro pra fora, e transformar-se. A Bruxaria Tradicional é um meio capaz de provocar as mudanças e conduzir

KIMBANDA

Um escrito sobre a relação entre a Kimbanda e a Bruxaria Tradicional
"O teu demônio, que é o espírito que te sustém, é nobre, corajoso, elevado, inigualável".
William Shakespeare, Antonio e Cleópatra

Por Babarinde Ifasowunmi Aye'la

o estudante praticante a obter o melhor de si – evitando as armadilhas do ego, contungando com o ego e ao mesmo tempo desposando do Todo; a bruxaria vai nos moldando e transformando, nos faz mergulhar no espelho e nos reflete, assim ela é um rito de auto-iniciação, auto transformação e auto-deificação.

Andrew D. Chumbley em um artigo intitulado "A Corrente Dourada e o Caminho Solitário"diz:

"Na sua essência, iniciação é a entrada de um indivíduo em um Mistério e a penetração deste Mistério no indivíduo; é simultaneamente rarefação e reificação; uma união nupcial do Ego e Outros, no espelho do círculo da Gnosi.

Embora a essência da questão possa ser "pontuada" pelo descrito acima, a verdade acerca da iniciação é necessariamente um segredo que não podem ser divulgado; é o Grande Arcanum, o "Mysterium" que sempre habita o além...

Em um fundo e profundo silêncio. E, no entanto, considerando a aparência externa na iniciação, as formas que ela assume em termos de manifestação perceptível, nós podemos entrar em discussão e esforçar-nos para chegar a uma compreensão de seus diversos "Arcanos".

Ao falar da auto-iniciação, nós somos de certo modo culpados de usar um termo erróneo. A iniciação é sempre uma questão de relação, se entre Mestre e Aprendiz ou entre Indivíduo e as Deidades e poderes dos Mistérios. Assim sendo, um ritual executado sozinho, nunca é na verdade realmente assim, para os Deuses e Poderes que são chamados, na União, do outro para nosso Self: os Deuses são o "corpo da iniciação". Sempre há uma relação entre nós mesmos e aquele que encobre os mistérios. E ainda pode-se dizer que estamos sozinhos na carne, e, neste sentido chamamos de processos de Ego-Indução os "Ritos de Um" ou iniciações solitárias".

Se através de predilecção a pessoa é conduzida à Arte e o único meio de entrada é, por conseguinte, pela realização de uma auto-iniciação, então deixe aquele portão ser livre e justamente escolhido. Se o indivíduo for conduzido para lá por sonhos e presságios, e lhe é revelado por esses meios como executar um rito, um Caminho de Transmissão Única é revelado. Se a pessoa realiza essa tarefa, então eu não considero que ninguém - alto ou baixo - tem o direito de duvidar o que essencialmente não lhes diz respeito. Na verdade, é mais sensato para nós respeitarmos aqueles que entram no caminho por esses meios, pois o coração do Sangue-Bruxo pode ser alcançado por muitas veias.

Dito isto constatamos que na Bruxaria Tradicional, assim como na Kimbanda aprendemos o Caminho Sagrado, aquele Tortuoso, pois nele o iniciador não fica saltitando pelos campos e nem cantando em línguas europeias, mas sim honra os Mortos Poderosos de sua Terra; e qual porventura seria o Poderoso Culto aos Mortos de nossa Terra senão a Kimbanda!

Na Kimbanda nós honramos o solo brasileiro através de uma conexão necromântica e não como se morássemos no campo ou fazenda. Não fingimos que nossos terraços e lages são florestas verdes cheias de fadas e duendes, com deuses e deusas bonachões...Nós vamos a floresta sim, pois sabemos exactamente os meios e modos de encontrar a Deusa dos Três Caminhos, Ela nos ensina como vê além dos véus. Aqui nestas terras residem os nossos Deuses e Deusas e seus nomes são Exu e Pombagira, pois até mesmo Andrew Chumbley sabia que os Deuses do Bruxo não são outros senão os de sua Terra. Nos tempos atuais podemos e devemos desenvolver um meio de honrar o solo para um bruxo que more no campo ou na cidade; e de que maneira isso seria efectivado senão através do lugar onde nossos ancestrais vivem, ou numa forma do agregado cultural e de crença específica do local onde vivemos.

Não seria Loucura maior negar que as terras brasileiras já existiam antes da sua descoberta em 1500, e que aquilo que se padronizou na história e antropologia como bruxaria já existia por aqui? Não seria mas fácil afirmar que com o degredo, essas bruxas e feiticeiras foram mandadas para estas terras de cá e aqui encontraram um campo vasto de feitiçaria com os índios e depois com os negros, fazendo assim "nascer" uma forma de bruxaria que é facilmente reconhecida fora do Brasil, como sendo Tradicional; devemos nos manter cegos ao extremo mesmo

que curiosamente, até mesmo a cristandade reconhece este fato!

Os únicos cegos que renegam este fato são os bruxos brasileiros portadores da síndrome do vira-lata...Mas voltando a realidade, qualquer pessoa que se informe sabe que toda a Europa era Cristã e que o Cristianismo influenciou as mentes, moral e a verdade dos Europeus e que qualquer forma de pensamento fora do estabelecido era heresia. E nisso fica claro que durante a histeria da inquisição qualquer culto pagão seria denunciado como heresia. Logo a melhor maneira de sobreviver era fazer como Roma fez durante as conquistas e o negro fez nas terras Brasílis apoiado pelos colonos, a lá exemplo da Roma Imperial; ou seja, o sincretismo entre suas Religião e Práticas, e nisto consiste o Segredo da Iconoclastia da Arte, que é a sua real e verdadeira forma de Heresia, com seu sagrado Tabu, evocar o Deus das Artes no ícone vazio da Fé dominante...Nisto consiste parte do segredo da máscara que nós faz sobreviver, e não num culto agrário do Deus e Deusa de luz e amor...

Um outro ponto critico se faz no tocante a Caim e Abel, e eu poderia passar algum tempo discorrendo sobre o assunto, que é em verdade, mais uma forma de máscara da Arte, pois vale a pena acrescentar que não é a simplória doutrina da dualidade entre Bem X Mal ou Luz e X Trevas e sim um dos Arcanos do Ofício.

Abel o homem mortal, o ser de barro, o Ego... Caim, é o Homem de Fogo, o Transformador, o Homem que conhece a essência humana e Divina, o que sacrifica o ego em prol da renovação; isso dentro dos mistérios origina STh (a criança da promessa), o ser de Luz, que está com o manto de trevas, que se liberta, ocasionando a apoteose da iniciação que nos move dentro do Destino, a verdadeira Deusa.

Por isso a igreja buscava, conforme o Meleus Maleficarum, a marca de Caim ou da Bruxa, o sinal de aceitação dessa Heresia. Apenas para que se entenda o real sentido desta Heresia: Ele apregoava a salvação por mcio de esforços próprios (ordálias), sem um mediador, sem um salvador. Rejeita assim o sacrifício de Cristo na cruz para salvar a humanidade dos seus pecados, e prega o auto-sacrifício (assassinato de Abel) como meio de salvação.

Essa Heresia então nega a ressurreição de Jesus, que é a base da fé cristã; e prega o renascimento e a renovação do homem STh, e por meio disto ele, o Homem, retorna ao paraíso perdido (a pureza espiritual primeva), simbolizada no Housle ou Bodo que é a partilha Pão ou hóstia e Vinho no Banquete do Sabá ou no Padê ou festa de Exu e Pombagira simbolizados pela farinha e o sangue vertido pelo animal sacrificado que finaliza o padê.

Sim o Sabá e o Padê ou festa de Exú e Pombagira existem! Não num parque de piquinique, onde cada um leva um docinho e um suquinho para participar. O Sabá é para nós um sonho feito carne, a morte respirando e tomando vida novamente, seu lugar de encontro é a encruzilhada dos Três Caminhos, a Saber: Encruzilhada ou Vida, Kalunga ou Morte e Mente/Alma, é neste lugar onde encontramos a Deusa dos Três Caminhos e das Três Faces, o sabá é realizado no portão da Hipynogogia, nele o estado da mente é velado nas três formas da Deusa; Dormindo (Donzela), Sonhando (Mãe), Acordada (Anciã).

Mas novas formas de velar se mostram sempre necessárias em virtude de muitos que não compreendem esta Heresia, e por isso o Sabá que era algo real e palpável, passou a ser um encontro escondido em pequenos quartos, trunqueiras; passou a ser um encontro fora dos limites da cidade enquanto (moral e dogma), num lugar além da percepção visível onde somente através dos sacramentos que nos faz pular entre as realidades se chega.

Você poderá encontrar fragmentos deste mistério (de Velar) sagrado nos mitos de Arthur quando Avalon desaparece nas brumas ou aqui mesmo quando as cidades ou aldeias da Jurema aparecem por alguns segundos em lugares diferentes para evitar os intrusos, pois somente quem tem as chaves destrava a porta do segredo que chega a Avalon ou aos reinos da Jurema para aprender a comungar com os Poderosos Mestres de sua Terra.

E como se não bastasse as criticas hipócritas e veladas a práticas de nossa terra como a Kimbanda, Macumba, como não sendo Bruxaria, mas sim feitiçaria, e eu acrescento ainda, que nesta lista pífia de criticas faltou o Adjunto da Jurema, Catimbó, Umbanda, Candoblé de Caboclo, Pajelança, Batuque, Xangô, Santo Daime, Barquinha e outras...todas elas práticas capazes de mudar a realidade ao redor dos que dela se utilizam.

Todos estes cultos mencionados acima mantém similaridades e semelhanças ao culto da Bruxaria Tradicional praticada no velho continente. Richard Gordon em seu livro intitulado "Bruxaria e Magia na Europa: Grécia Antiga e Roma", nos fala de práticas similares de feitiçaria da Grécia Clássica e da Roma Imperial, que continham formas de amarração usando bonecos, como se faz também em cultos Afro-Brasileiros, e ainda diz que também era comum o uso de drogas alucinógenas para se conectar com o sagrado.

Poderemos ainda observar que as Stregas e Sorcery, realizavam sacrifícios de animais, e usavam partes de corpos humanos retiradas de túmulos, bem como, faziam amarrações, separações, curas, incorporações, tendo fórmulas mágicas para matar e envenenar... e isso sim é que é Bruxaria de Verdade! Se fosse aqui no Brasil isso não seria chamado de macumba, mandinga, mas como é lá na Europa falar o quê né?

O que tentamos viver como verdade, e o que estamos tentando dizer desde o início deste texto é que o que define a Kimbanda como Oficio de um Bruxo ou Feiticeiro não é uma religião, não são os rótulos, mas sim uma vivência prática e sincera junto aos poderosos Deuses e Deusas de desta Terra.

Que as Bênçãos e Maldições da Rainha acompanhem a todos aqueles benditos que são maculados pela Heresia Santa e Sagrada da doença e da loucura, quela que se instaura neste novo século como uma velha marca do Diabo!!!

Como me disse um Sábio: "Que o caminho sempre seja trilhado em grupos de UM".

SnarVranS.'.SatuMutaS.'.

Confrade e Oficiante da Nyx Confraria ®2015 E.V.

Babalawo, Onisegun e Oso. Babarinde Ifasowunmi Aye'la está a frente da AYELALA FAMILY HERITAGE Brasil e do Ifá Ìwúre Instituto Brasil Wordwide. Para contatos e iniciações: +5521989752215 / ifaiwureinstitutobrasil@gmail.com

Quimbanda
O Véu Escarlate
Por Azaghuul

Talvez a coisa mais difícil para quem não tenha contato direto com a Quimbanda seja a compreensão de seus reais valores até mesmo antropológicos. Para os que estão fora de nosso círculo, tendem a ter uma certa incoerência por meio de julgamentos inadequados, pois o mais "natural" é atacar e temer o que não se conhece. Assim sendo resolvi escrever esse texto, e espero que de certa forma seja de alguma valia para os que realmente buscam o conhecimento, e acima de tudo sua liberdade em meio à nossa castradora sociedade.

Começarei expondo alguns fatos que são bastante controversos aos olhos de outros que tem nas palavras de seus "Babas" a verdade absoluta, desdenhando o verdadeiro passado e a evolução a qual nossa amada Quimbanda teve e ainda o tem. Corre por nosso país afora a questão da Quimbanda como uma simples vertente da Umbanda, taxando-a como uma simples mão da via esquerda em trabalhos realizados dentro dessas casas, colocando a Quimbanda como algo derivado de outras vertentes como a Umbanda e etc. Pode assim o ser, mas apenas dentro de terreiros e barracões nos quais são uma mescla de sua "religião"(como assim a definem), mas nunca em templos de Quimbanda. Pois é bem sabido que é justamente o contrário, afinal na antiga "macumba carioca" Exu já era muito bem firmado em temidas sessões de "magia negra", conforme o próprio Aluizio Fontenelle descreve em seus livros afirmando nos mesmos que a Umbanda teria sido criada para "combater" a Quimbanda, e assim sendo dessa forma fica claro que a Umbanda dentre outras vertentes nunca criaram Exu, lembrando que quando me refiro a Exu este não seria o Orixá Exu. Difamaram e deram valores falsos à Quimbanda, atribuindo-a ao agente social Angolano e não ao culto em sí que teria sido criado no Brasil, pois em lugar algum do mundo irão encontrar relatos de Exu Tranca-Ruas, Capa Preta, Maria Padilha, Mangueira dentre outros. Esses sim foram tomados emprestados para supostamente "servir" os Orixás dentro dos demais cultos, transformando-os em meros empregados aos olhos do povo em geral. Mas o que poucos sabem é que essas entidades manifestadas dentro desses segmentos não são os verdadeiros mestres da noite, estão com suas energias limitadas, suas forças retraídas por dogmas hipócritas e moralmente falsos, pois quem cultua a verdadeira Quimbanda sabe que para nós tudo é amoral quando relacionado aos Exus.

Para que fique claro de uma vez por todas tudo o que escrevi anteriormente explicarei o porquê da Quimbanda ser tão temida, e quais trilhas são mescladas dentro da mesma.

A Quimbanda passou e passa por transformações atualmente em nosso território brasileiro, como ela em sí é uma mescla de bruxaria, feitiçaria afro e magia negra europeia acaba por ser demasiadamente fácil moldar a mesma dentro de várias formas de culto. Um exemplo bem presente atualmente seria a adaptação de nossa Quimbanda em cultos satanistas da Europa como a corrente 218, que esteve com um representante deles em solo brasileiro aprendendo um pouco mais sobre a mesma anos atrás.

Aqui dessa forma fica claro como o brasileiro desdenha de sua própria cultura, e tampouco reconhece seus valores tendo que um estrangeiro vir até aqui e dar valor ao que é cultuado em nosso país, para que logo mais filhos nativos dessem em parte o merecido valor ao que nos pertence, sendo a maioria desses seguidores adeptos acéfalos e cegos que outrora ostentavam obras satânicas de LaVey como uma máxima, e agora tornam-se "mestres" em Quimbanda criando um milhão de formas de cultuar nossa magia.

Poucos dentro de tais segmentos são realmente sérios, pois a maioria infelizmente ainda tem uma visão retrógrada e provinciana, moldada dentro da concepção de outros "grandes entendidos" do culto. Quimbanda não é e nunca será uma religião, pelo contrário, lutamos contra a mesma... e se assim o somos, por qual razão teríamos de agir como um bando de animais adestrados? A essência da Quimbanda trata-se de transcender a ignorância, cruzar o que chamamos de Véu Escarlate.

Se trata de encontrar a sí mesmo em meio à loucura que nos cerca, de sermos livres em nossas ações, e ao mesmo tempo sermos responsáveis por atos e acima de tudo, responsáveis para com o reino de nosso amado Maioral. Afinal, ser violento e agressivo, demonstrar "poder" para comandar pessoas através do medo é relativamente fácil... o difícil é ser centrado e totalmente equilibrado durante seu dia a dia.

Após atravessar o véu sagrado e contemplar a pureza e a força do sangue, o adepto estará subindo seu primeiro degrau rumo ao trono ônix para lá, reverenciar com devido respeito o poderoso e inigualável Maioral. Antes disso, qualquer idéia sobre o que realmente é a Quimbanda, posso eu assegurar que seriam conclusões falhas. Tomar para sí o compromisso de cultuar a Quimbanda e suas entidades é deveras grande e penoso, gigantesca é a responsabilidade para com os senhores da noite.

Ao contrário que muitos pensam, não basta simplesmente "consagrar uma imagem" ou "assentar" uma entidade e tudo estará resolvido, é preciso muito mais que isso.

Ao se comprometer com os mestres da escuridão, deve-se ter em mente que muito será exigido de sí, principalmente questão financeira, pois afinal não basta somente colocar uma imagem encima da mesa e acender uma vela, choramingar durante alguns minutos, contar tristes histórias sobrecarregando a entidade com energia fraca e fútil, lamentar tudo o que acontece em sua vida como se fosse a única pessoa com problemas. Esse tipo de pessoa não é bem-vinda dentro da Quimbanda, para nós não tem nenhuma utilidade, quem dirá ao ilustríssimo Maioral.

Esse estereótipo de pessoa serve apenas como consulente e nada mais, um quimbandeiro deve ser no mínimo forte em meio ao mar de intempéries que se abaterá sobre seu semblante, ou pensaram que seria fácil? Acham que para cruzar o Véu Escarlate bastaria ser iniciado, ou adentrar os portões de um templo?

A cada dia que se passará após sua decisão de ser um quimbandeiro, será testada sua fé e todos os seu limites ao máximo, disso tenham certeza. Pois existe apenas dois caminhos para seguir dentro da magia/bruxaria, evolução espiritual ou material, mas nunca ambas ao mesmo tempo disso é bem sabido por quem percorre tal caminho, se és forte em termos materiais,

isso deixa claro que és bom em negócios e nada mais, se tua força espiritual é demasiada forte, não perderás tempo em arrecadar quinquilharias que ao longo do tempo de nada servirá, pois poderíamos ter mil vidas, e nem mesmo assim seria o suficiente para termos acesso a todos os segredos que nos cercam, infelizmente...

Então, para que perder tempo com mesquinharias? Para que perder tempo com altruísmo exacerbado? Por que inflar o ego com algo ilusório, sendo que ao final das contas nada sabes?

Eu vos respondo, é porque simplesmente o homem quando não tem concepção do que realmente é, e não sabe o que poderia ser, ele sente medo de que os outros venham a enxerga-lo como um fracassado, preso dentro de dogmas pré-estabelecidos socialmente, e dessa forma, ele passa a se julgar e também a julgar os outros. Tenta encontrar dessa forma, um meio de se sobressair dentre os demais "concorrentes", tornando-se assim apenas mais um "macaco" fazendo "macaquices", um cão previamente adestrado que julga ser um lobo, mas não passa de um vira-latas.

A Quimbanda precisa de muito mais que isso, chega de oportunistas dentro de nosso culto ancestral, chega de dar ouvidos a aproveitadores e comerciantes da fé alheia, por favor tenham bom senso, pesquisem a origem e a seriedade do templo/casa/barracão o qual irão entrar.

Escutem seus corações, e parem de dar dinheiro a hipócritas, invistam em vocês mesmos, enriqueçam a sí mesmos com conhecimento, não o bolso de pilantras com iniciações caríssimas, saindo muito mais caro do que realmente é, lembre-se do que disse anteriormente sobre bens materiais. Aquele que acha que falo tolice que me prove o contrário por favor, decorar páginas de livros e encantamentos, deixar "respostas" na ponta da língua, dentre outros artifícios não o tornarão forte na magia, apenas adestrado.

O mais importante dentro das Artes ocultas, é o neófito encontrar a sí mesmo e transformar a sua essência bruta em algo lapidado e valoroso, não vendam seus valores a ninguém, isso não é o que o grandioso Maioral deseja de seus seguidores, mas caso realmente sua prioridade seja outra, e não a ascensão espiritual, então por favor faça parte do time salafrário, e faça-nos um favor nunca diga que é um bruxo/mago em ascensão, fale apenas que procura as Artes Negras para benefício próprio financeiro e jamais nos correlacione com seu modo de agir e pensar pois é deveras degradante ser comparado com tais criaturas.

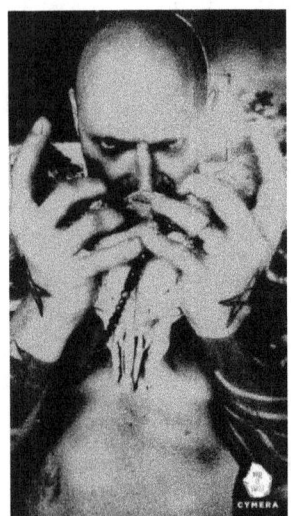

Azaghuul - Praticante a mais de 30 anos da bruxaria e feitiçaria tradicional por berço familiar, fundador da Ordo Nigrum Sanguine, QLN (Quibanda Lâmia Negra), Oedo Communions Tenebris e Ordo Hortus Sanguine. Ilustrador, tattoador e autor de alguns títulos sobre Quimbanda disponíveis em:

https://clubedeautores.com.br/livros/autores/adriano-gerber

Para iniciações, frequêntes dúvidas e parceiria escreva para: cultusnigrumstore@gmail.com

Whatsapp: +5547999516909

QUIMBANDA
O REINO DA NOITE ETERNA

ERVAS DE QUIMBANDA

VELAS DE QUIMBANDA

VODU HAITIANO

O vodu haitiano, chamado também de Sèvis Gine ("serviço da Guiné" ou "serviço africano") é uma religião haitiana baseada no culto aos loas (voduns) originários dos povos euê, fom e mai, da África Ocidental. Possui ainda fortes influências da religiosidade de povos africanos como os igbos, congos e iorubás, além de elementos indígenas (tainos) e do catolicismo popular.

Como religião de culto aos voduns do Daomé, está estreitamente relacionado à Regla de Arará existente na República Dominicana, Trinidad e Tobago, Granada e, principalmente, em Cuba; ao vodu de Nova Orleans (Estados Unidos); e, no Brasil, ao candomblé jeje (Bahia), ao tambor de mina, ao terecô e ao babaçuê (Maranhão e Pará).

O vodu haitiano está presente ainda nos diversos locais para onde os imigrantes do Haiti tenham se deslocado ao longo da história.

História

A maioria dos africanos que foram trazidos como escravos para o Haiti eram da Costa da Guiné da África ocidental, e seus descendentes foram os primeiros praticantes de vodu haitiano. A sobrevivência do sistema de crenças no Novo Mundo é notável, embora as tradições tenham se modificado com o tempo. Uma das maiores diferenças entre o vodum da África Ocidental e o haitiano é que os africanos transplantados ao Haiti foram obrigados a disfarçar os seus lwa (do francês les lois, "as leis"), ou espíritos, em santos católicos romanos, no processo chamado sincretismo.

A maioria dos peritos especula que isto foi feito numa tentativa de esconder a sua "religião pagã" de seus senhores, que os tinham proibido de praticá-la. Dizer que o vodu haitiano é simplesmente uma mistura das religiões africanas ocidentais com um verniz de catolicismo romano não estaria inteiramente correto. Isto estaria ignorando numerosas influências indígenas tainas, assim como o processo evolutivo a que o vodu se submeteu ao longo da história do Haiti. O vodu haitiano, tal como o conhecemos hoje no Haiti e na diáspora haitiana, é o resultado das pressões de muitas culturas e etnicidades diferentes dos povos que foram desarraigados da África e importados à ilha de Hispaniola durante o comércio africano de escravos. Sob a escravidão, a cultura e a religião africanas foram suprimidas, as linhagens foram fragmentadas e as pessoas tiveram que ocultar seu conhecimento religioso. Paradoxalmente, foi justamente essa fragmentação que permitiu a posterior unificação cultural dos escravos. Pra combinar os espíritos de muitas e diferentes nações africanas e indígenas, as partes da liturgia católica romana foram incorporadas para substituir rezas ou elementos perdidos; além disso as imagens dos santos católicos são usadas para representar os vários espíritos ou "misteh" ("mistérios"), e muitos santos mesmos são honrados no vodu haitiano em seu próprio direito.

Este sincretismo permite que o vodu haitiano abranja os elementos africano, indígena e europeu de uma maneira inteira e completa. É verdadeiramente "Religião de Kreyòl".

A cerimônia mais importante historicamente do vodu haitiano foi a cerimônia Bois Caïman (ou "Bwa Kayiman") de agosto de 1791, que começou a Revolução Haitiana. Nessa cerimônia, um porco preto foi ofertado a Ezili Dantor e todas as pessoas presentes comprometeram-se com a luta pela liberdade. Essa cerimônia resultou finalmente na libertação dos povos do Haiti da dominação colonial francesa em 1804, e o estabelecimento da primeira república de povos negros na história do mundo.

O vodu haitiano cresceu nos Estados Unidos de forma significativa a partir do final dos anos 1960 e começou dos anos 1970 com as levas de imigrantes haitianos fugindo dos regimes opressivos de François Duvalier e Jean-Claude Duvalier. Os imigrantes haitianos estabeleceram-se em Miami, Nova Iorque, Chicago e outras cidades do país.

Etimologia

"Vodu" (em francês: vaudou; em crioulo haitiano: vodou) está etimologicamente ligada à palavra vodú, originária da língua fon falada no Benin e no Togo, cujo significado é "espírito ancestral".

Cosmogonia

Como nas demais religiões, o vodu haitiano possui uma cosmogonia na qual o praticante busca a compreensão e o sentido da existência terrena. Baseado na religião tradicional dos ewés e dos fons do Benin e do Togo, o vodu haitiano conta ainda com influências de outros povos africanos, indígenas e do catolicismo.

Em primeiro lugar, o praticante do vodu acredita em um Deus único e supremo, o qual é o criador de Tudo: Bondye, em crioulo haitiano (do francês "Bon Dieu", "Bom Deus"). Dependendo da orientação do praticante, esse Deus supremo pode ser distinguido do Deus dos brancos (como no discurso dramático proferido pelo houngan Dutty Boukman em Bois Caïman, que iniciou a Revolução Haitiana), mas pode também ser considerado como o mesmo Deus da Igreja Católica com outro nome.

No entanto, Bondye é distante de sua criação: por isso, não possui culto específico, embora todas as preces no vodu sejam proferidas inicialmente a ele. São os loas (lwa), espíritos (lespri), mistérios (mistè), santos ou anjos (sen, lanj) e os antepassados que o voduísta invoca para ajudá-lo: os intermediários entre o mundo físicos dos humanos e Deus. O culto dos antepassados é, de fato, uma das bases da religião vodu haitiana: muitos loas, como Agassou (um antigo rei do Daomé), por exemplo, são ancestrais que foram elevados à categoria de divindade.

Em suma, o voduísta adora Deus e serve aos loas e espíritos, que são tratados com honra e respeito como se fossem membros mais velhos de uma casa.

Tradições

No Haiti existem três tradições do vodu: a Rada (que cultua os loas/voduns vindos diretamente da África), a Petwo (loas originários não da África, mas do próprio Haiti) e a Kongo (de origem nas culturas do Congo-Angola, tradição

minoritária). Os loas rada são considerados mais benevolentes e paternais, enquanto que os petwo são vistos e temidos por serem mais agressivos.

No entanto, não se pode afirmar que um é "bom" ou "mal" em relação ao outro. Os loas, de acordo com sua natureza, podem ser "quentes" ou "frios": frios são os loas rada e quentes, os petwo. Os loas petwo são mais rigorosos e requerem mais atenção aos detalhes rituais do que os loas rada mas ambos podem ser perigosos se irritados ou contrariados.

Os loas

Os loas (em crioulo haitiano: lwa, proveniente do francês "les lois": "as leis") são as mais importantes divindades do vodu: são os próprios voduns do Daomé, as forças da natureza que controlam a existência, a natureza, o homem e a vida em sociedade, forças essas imanentes de Deus. Existem 21 "nações" (nanchon) de loas, que correspondem a "famílias" de loas. Desse modo, Ezili é uma família, e Ezili Dantor e Ezili Freda são dois loas individuais nessa família.

Cada família de loas está relacionada a um aspecto social, moral ou e um elemento da natureza. Igualmente cada família de loas e cada loa individual possui seu toque de tambor, cores, comidas, oferendas e obrigações de fazer e não fazer. Alguns dos principais loas são:

Legba: loa que abre e fecha os caminhos de comunicação entre os mundos físico e espiritual, representado pelas encruzilhadas;

Ezili: loa do amor e da fertilidade;

Loko: loa das ervas e das curas. Representa saúde física e espiritual;

Ayizan: loa da pureza moral e espiritual, um dos primeiros loas a serem chamados durante os rituais;

Danbala: loa masculino que representa a força positiva que move a terra. Casado com Ayida, é representado por uma serpente (terra) e pelo arco-íris (céu);

Ayida: loa feminino que representa a força positiva que move a esfera celeste. Casada com Danbala, é representado por uma serpente (terra) e pelo arco-íris (céu).

Agwe: loa que governa os mares e as formas de vida aquáticas;

Ogoun: loa da guerra e dos guerreiros. Representa a ação em oposição à passividade;

Gede: loa que governa os espíritos dos mortos. Representa a morte física e, ao mesmo tempo, a vida no plano espiritual.

Cada pessoa é considerada como tendo um relacionamento especial com um espírito particular, que é dito "possuir sua cabeça", porém uma pessoa pode ter um lwa, que possui sua cabeça, ou met tet, que pode ou não ser o espírito mais ativo na vida de alguém de acordo com os haitianos. Ao servir os espíritos, o voduísta busca conseguir a harmonia com sua própria natureza individual e o mundo em torno dele.

Parte desta harmonia é preservar o relacionamento social dentro do contexto da família e da comunidade. Uma casa ou uma sociedade de vodu é organizada pela metáfora de uma família extensa, e os noviços são os "filhos" de seus iniciadores, com o sentido da hierarquia e da obrigação mútua que implica.

A maioria de voduístas não iniciada é vista como "bosal"; não é uma exigência ser um iniciado a fim de servir aos espíritos. Há um clero no vodu haitiano cuja responsabilidade é preservar os rituais e as canções e manter o relacionamento entre os espíritos e a comunidade como um todo (embora isto seja responsabilidade de toda a comunidade também).

Encarregados de conduzir o culto a todos os espíritos de sua linhagem, os sacerdotes são conhecidos como "ougan", e as sacerdotisas como "Manbos". Abaixo dos oungan e das manbos, estão os "ounsi", que são os noviços que atuam como assistentes durante cerimônias e que são dedicados a seus próprios mistérios pessoais. Ninguém serve a qualquer lwa: somente ao que se "tem" de acordo com o próprio destino ou natureza.

Os espíritos que uma pessoa "tem" podem ser revelados em uma cerimônia, em uma leitura, ou nos sonhos. Entretanto, todo voduísta serve também aos espíritos de seus próprios antepassados de sangue, e este aspecto importante da prática do vodu haitiano é, frequentemente, subestimado pelos seus comentadores, que não compreendem seu significado.

Liturgia e prática

Após um dia ou dois de preparação de altares, preparação ritual e cozimento de galinha e de outros alimentos etc., um ritual de vodu haitiano começa com uma série de preces e de cantigas católicas em francês, e então uma litania em crioulo haitiano e no langaj africano que abrange todos os santos e lwas europeus e africanos honrados pela casa. Depois, há uma série de invocações para todos os espíritos principais da casa. Isto é chamado de "Priyè Gine" (prece africana).

Após mais canções introdutórias, como a saudação ao espírito dos tambores, Hounto, as cantigas para todos os espíritos individuais são entoadas, começando com a família de Legba com todos os espíritos de Rada. A seguir, há uma ruptura e a parte dedicada aos espíritos Petwo começa, terminando com as cantigas para a família de Gede. Ao serem entoadas as cantigas, os espíritos virão visitar os presentes através da possessão dos indivíduos, falando e agindo através deles.

Cada espírito é saudado e cumprimentado pelos noviços presentes e dará consultas, conselhos e curas àqueles que solicitarem sua ajuda. Muitas horas mais tarde, nas primeiras horas da manhã, a última canção é entoada, despedem-se os convidados e todos os ounsi, houngan e manbo esgotados

podem ir dormir.

Individualmente, um voduísta ou sevite pode ter um ou mais altares preparados para seus antepassados e espíritos a quem serve, com retratos, estátuas, perfumes, alimentos e outras coisas preferidas por eles. O altar mais básico é apenas uma vela branca, um copo de água e, talvez, flor. No dia de um espírito particular, acende-se uma vela e, então, saúda-se e fala-se ao espírito particular como se se falasse a um membro mais velho da família. Os antepassados são chamados diretamente, sem mediação de Papa Legba, já que são "do sangue".

Valores e ética

Os valores culturais que o vodu haitiano engloba centram-se em torno das ideias de honra e respeito - a Deus, aos espíritos, à família, à sociedade e a si mesmo. Há uma preocupação quanto ao que é apropriado ou não para cada pessoa: por exemplo, o que é apropriado a alguém com Danbala Wedo como sua "cabeça" pode ser diferente do que é apropriado a alguém com Ogou Feray como sua cabeça.

O amor e a sustentação dentro da família da sociedade de vodu parecem ser a consideração mais importante. A generosidade em dar à comunidade e aos pobres é também um valor importante. As dádivas vêm através da comunidade e há a ideia de que deve-se estar disposto a retribuir. Uma vez que o vodu haitiano tem tal orientação para a comunidade, não há a prática solitária na religião, exceto a de pessoas separadas geograficamente de seus antepassados e casa. Uma pessoa sem um relacionamento de algum tipo com pessoas idosas não estará praticando vodu como se compreende no Haiti e entre Haitianos.

A religião do vodu haitiano é antes uma tradição extática do que baseada na fertilidade e não discrimina homens gays e mulheres lésbicas, ou outras pessoas de maneira alguma. De fato, há ounfò, ou templos, no Haiti cujo clero é inteiramente de gays e lésbicas. No vodu haitiano, a orientação sexual do praticante não é de nenhuma importância em um ambiente ritual. Vê-se-a apenas como uma maneira através da qual o deus fez uma pessoa. Os espíritos ajudam a cada pessoa simplesmente ser a pessoa que é.

Ortodoxia e diversidade

Existe uma diversidade de práticas em vodu através do Haiti e da diáspora haitiana. Por exemplo: no norte de Haiti, o sèvis tèt ("lavagem de cabeça") ou o kanzwe pode ser a única iniciação, como na República Dominicana e em Cuba, enquanto que, em Porto Príncipe e no sul, se praticam os ritos kanzo com três classes da iniciação – kanzo senltimo é a modalidade mais familiar da prática fora de Haiti. Algumas linhagens combinam ambos, como relata a manbo Katherine Dunham acerca de sua experiência pessoal em seu livro Island Possessed.

Ainda que a tendência geral do vodu seja relacionada a suas raízes africanas, não há nenhuma forma fixa, ocorrendo variações em cada casa ou linhagem particular. Os pequenos detalhes do serviço e dos espíritos servidos variarão da casa a casa, e a informação nos livros ou na Internet pode, consequentemente, parecer contraditória.

Não há nenhuma autoridade central no vodu haitiano, já que "cada manbo e houngan é a cabeça de sua própria casa", como diz um provérbio popular no Haiti. Existem muitas seitas além do Sevis Gine no Haiti, tal como o Makaya, Rara e outras sociedades secretas, cada uma com seu próprio panteão distinto de espíritos.

Sobrevivências no sul dos Estados Unidos

No sul dos Estados Unidos, o vodu haitiano veio a influenciar o sistema de mágica popular e religião conhecido como hoodoo, que deriva principalmente no entanto de práticas do Congo e de Angola, na África central.

Mitos e Falsas concepções

O vodu veio a ser associado na mente popular com fenômenos como os "zombies" e as "bonecas do vodu". Embora haja uma evidência etnobotânica quanto ao zombi, é um fenômeno menor dentro da cultura rural do Haiti e não uma parte da religião do vodu em si. Tal prática cai sob os auspícios do "bòkò" ou do feiticeiro antes que do sacerdote do Lwa Gine. Já a prática de furar bonecas com agulhas foi usada como um método de amaldiçoar pessoas por seguidores do que veio a ser chamado "Voodoo de Nova Orleans", o qual é uma variante estadunidense do vodu.

Esta prática não é original ao vodu de Nova Orleans, entretanto e tem tanta base em dispositivos mágicos europeus, tais como a poppet, quanto no nkisi ou bocio da África ocidental e central. As bonecas de vodu não são uma característica da religião haitiana, embora as bonecas feitas para turistas possam ser encontradas no Mercado de Ferro de Porto Príncipe, capital do Haiti. A prática tornou-se associada ao vodu na mente popular através dos filmes de horror.

Pequeno Dicionário do Vodu Haitiano

Ason: chocalho que simboliza o poder do sacerdote sobre o mundo dos espíritos;

Bòkò: sacerdote que trabalha "com as duas mãos", ou seja, para o bem ou para o mal;

Boule zè: cerimônia especial em ritos de iniciação, consagração e falecimento;

Dosou: criança que nasce após o nascimento de gêmeos;

Feiticeiro: sacerdote do vodu que trabalha para o mal;

Gonbo: nome dado às cerimônias do vodu em algumas regiões do Haiti;

Govi: cântaro onde ficam os espíritos;

Gwo bonnanj: um dos princípios espirituais do indivíduo, que dirige sua vida afetiva e intelectual;

Kay mistè: casa especial reservada aos espíritos;

Lwa: as forças da natureza cultuadas no vodu haitiano: os próprios voduns, frequentemente sincretizados com santos e anjos;

Lwa rasinn: o lwa hereditário, guardião da família;

Manje lwa: cerimônia em honra aos loas;

Manbo: sacerdotisa do vodu, que trabalha para o bem;

Marasa: os lwa gêmeos;

Pòtòmitan: coluna localizada no centro do templo que é o caminho dos lwa e dos espíritos;

Ti bonnanj: um dos princípios espirituais do indivíduo;

Ougan: sacerdote do vodu, que trabalha para o bem;

Ounfò: templo do vodu;

Ounsi: pessoa já iniciada no vodu;

Vèvè: desenhos simbólicos que representam os loas;

Zonbi: pessoa que teve sua alma escravizada por um feiticeiro. [HURBON, Laënenc (1987). O Deus da Resistência Negra: O Vodu Haitiano. Rio de Janeiro: Paulinas. p. 215]

Referências

Ajayi, J.F. and Espie, I. "Thousand Years of West African History" (Ibadan: Ibadan University Press, 1967).

Akyea, O.E. "Ewe." New York: (The Rosen Group, 1988).

Asamoa, A.K. "The Ewe of South-Eastern Ghana and Togo: On the eve of colonialism," (Ghana: Tema Press. 1986).

Ayivi Gam l. Togo Destination. High Commissioner for Tourism. Republic of Togo, 1982.

Bastide. R. African Civilizations in the New World. New York: Harper Torchbooks, 1971.

Decalo, Samuel. "Historical Dictionary of Dahomey" (Metuchen, N.J: The Scarecrow Press, 1976).

Deren, Maya. "Divine Horsemen: The Living Gods of Haiti." (London: Thames and Hudson, 1953).

"Demoniacal Possession in Angola, Africa". Journal of American Folk-lore. Vol VI., 1893 No. XXIII.

Ellis, A.B. "Ewe-Speaking Peoples of the Slave Coast of West Africa" (Chicago: Benin Press, 1965).

Fontenot, Wonda. L. "Secret Doctors: Enthnomedicine of African Americans" (Westport: Bergin & Garvey, 1994).

Hazoum, P. "Doguicimi. The First Dahomean Novel" (Washington, DC: Three Continents Press, 1990).

Herskovits, M.J. and Hersovits, F.S. Dahomey: An Ancient West African Kingdom. Evanston, IL: Northwestern University,

Hindrew, Vivian M.Ed., Mami Wata: African's Ancient God/dess Unveiled. Reclaiming the Ancient Vodoun heritage of the Diaspora. Martinez, GA: MWHS.

Hindrew, Vivian M.Ed., Vodoun: Why African-Americans Fear Their Cosmogentic Paths to God. Martinez, GA. MWHS:

Herskovits, M.J. and Hersovits, F.S. "An Outline of Dahomean Religious Belief" (Wisconsin: The American Anthropological Association, 1933).

Hurston, Zora Neale. "Tell My Horse: Voodoo And Life In Haiti And Jamaica." Harper Perennial reprint edition, 1990.

Hyatt M.H. "Hoodoo-Conjuration-Witchcraft-Rootwork" (Illinois: Alama Egan Hyatt Foundation, 1973), Vols. I-V.

Journal of African History. 36. (1995) pp. 391–417.Concerning Negro Sorcery in the United States;

Language Guide (Ewe version). Accra: Bureau of Ghana Languages,

Manoukian, Madeline. "The Ewe-Speaking People of Togland and the Gold Coast". London: International African Insittute, 1952.

Maupoil, Bernard. "La Geomancie L'ancienne des Esclaves" (Paris: L'universit, de Paris, 1943).

Metraux, Alfred. "Voodoo In Haiti." (Pantheon reprint edition, 1989)

Newbell, Pucket. N. Folk Beliefs of the Southern Negro. S.C.: Chapel Hill, 1922.

Newell, William, W. "Reports of Voodoo Worship in Hayti and Louisiana," Journal of American Folk-lore, 41-47, 1888. p. 41-47.

Pliya, J. "Histoire Dahomey Afrique Occidental" (Moulineaux: France, 1970).

Slave Society on the Southern Plantation. The Journal of Negro History. Vol. VII-January, 1922-No.1.

Matéria retirada do site: https://www.wikiwand.com/pt/Vodu_haitiano#/cite_ref-1

LITERATURA RECOMENDADA:

RIGAUD, Milo. Ve-ve - Diagrammes Rituels Du Voadou - Ritual Diagrams Of Voodoo - Blasones De Los Vodu In English, French, Spanish. French & European Pubns, 1974

BARRETO, João Paulo Coelho. As Religiões no Rio. Rio de Janeiro: Organizações Simões, 1951.

BRAGA, Lourenço. Trabalhos de Umbanda e Quimbanda. Rio de Janeiro: 1942

CHRISTOS, Ophis & Necrocosm. O Livro Negro Da Quimbanda – O Livro Dos Espíritos Gnósticos. São Paulo: Parzifal Publicações, 2016.

FONTENELLE, Aluízio. Exu. São Paulo: Parzifal Publicações, 2018.

MOLINA, N.A. Na Gira dos Exus. Rio de Janeiro: Editora Espiritualista, 1965.

_____. Manual de Oferendas e Despachos na Umbanda e na Quimbanda. Rio de Janeiro: Editora Espiritualista, 1974.

_____. Como Fazer e Desmanchar Trabalhos de Quimbanda. Rio de Janeiro: Editora Espiritualista.

_____. Feitiços de um Preto-Velho Quimbandeiro. Rio de Janeiro: Editora Espiritualista.

NOGUEIRA, Leo Carrer & Oliveira, Wellington Cardoso de. A construção do mito diabólico de Exu - Dos primeiros contatos na África ao discurso inquisitorial da IURD. Anápolis, 2006. 33p. Artigo Final - Curso de Formação Docente em História e Cultura Africanas e Afro-Americanas, Universidade Estadual de Goiás.

SAMPAIO, Gabriela dos R. **A História do feiticeiro Juca Rosa**: matrizes culturais da África subsaariana em rituais religiosos brasileiros do século XIX. [s.d.]. Disponível em: http://ler.letras.up.pt/uploads/ficheiros/6946.pdf.

CAXADA, A.M.B. Teu Corpo é Ouro Só – Ritos de Iniciação Vodu. Rio de Janeiro: Editora Nova Fonteira

SOUZA, Leal de. No Mundo Dos Espíritos. Rio de Janeiro, 1925.

_____. O Espiritismo, a magia e as sete linhas de Umbanda. Rio de Janeiro, 1933.

TEIXEIRA NETO, Antônio A. Como Desmanchar Trabalhos de Quimbanda – Magia Negra Vol 1. Rio de Janeiro: Editora Eco, 1965.

_____. Como Desmanchar Trabalhos de Quimbanda – Magia Negra Vol 2. Rio de Janeiro: Editora Eco, 1967.

_____. Trabalhos Práticos de Magia Negra. Rio de Janeiro: Pallas, 1989.

_____. Impressionantes Casos de Magia Negra. Rio de Janeiro: Editora Eco.

_____. Umbanda e Quimbanda. Rio de Janeiro: Editora Eco.

_____. Saravá Tranca – Ruas. Rio de Janeiro.

REIS, CRISTIANO LIMA DE ARAUJO. O Simbolismo de Cruz e Sousa – Dor, Negritude e Satanismo. Editora In House, 2013.

CRUZ, GILMARA. Práticas de Feitiçaria - O Caso de Maria Gonçalves Cajada. São Paulo: Editora Via Sestra.